日本大学法学部叢書　第41巻

条例の制定又は改廃の直接請求

住民発意による政策実現の困難

賀来健輔

日本評論社

まえがき

住民投票条例の増嵩と条例の制定又は改廃の直接請求

本書は、現在地方自治体（以下「自治体」）の政策形成過程で実施されている住民参加制度のうち、特に地方自治法に定めのある直接請求制度の一つ「条例の制定又は改廃請求」（以下「条例の制定改廃請求」）に焦点を絞り、政治学・行政学的観点から検討を行うものである。そこでは、関係法令を除けばおよそ一つの条文（地方自治法七四条）だけを取り上げ、それがもたらす政治的・社会的影響に関心を寄せる。条文を扱いながら法律学的検討を加えるわけではないので、いささか奇異な印象を持たれるかもしれない。

しかし、それは筆者の本意とするところではない。扱う対象は極めて狭いものの、政治学ではメジャーな研究分野である政治参加、より掘り下げて言えば参加民主主義に関する検討の一つと捉えている(1)。

なぜ「条例の制定改廃請求」を取り上げるのか。そのもっぱらの理由には、近年自治体における公共政策のあり方（一例として、迷惑施設の建設や市町村合併などの賛否）をめぐり、住民自らがその判断（＝意思決定）を下そうと住民投票条例の制定及びその実施を求める動き（以下「住民投票条例の制定運動」、あるいは単に「制定運動」）が顕著になったことが挙げられる。本書の執筆時期に重なる二〇一八（平成三〇）年から二〇一九（平成三一）年にかけて繰り広げられた沖縄県における「辺野古米軍基地建設のための埋立ての賛否を問う県民投票条例」の制定・実施に係る運動などは、まさにこれに当てはまる好例と言えよう。(2)

このような動向は九〇年代後半あたりから活発になり、例えば〝平成の大合併〟に揺れた二〇〇三（平成一五）年、二〇〇四（平成一六）年には、年間一〇〇件を軽く超える市町村合併の賛否を問う住民投票条例の制定運動が提起されている。(3) また東日本大震災直後の二〇一一（平成二三）年から二〇一二（平成二四）年にかけては、都道府県レベルで最も人口の多い東京都でも東京電力管内の原子力発電所の稼働をめぐり、住民投票条例の制定運動が展開されたのは記憶に新しいはずである。後者については、結果的に都議会において条例案は否決されたものの、請求要件をはるかに超える三二万人もの署名を集め、マスコミで大きく報道されたことも手伝い、都民に制定運動の存在を知らしめるには十分であった。(4)

このように既に住民投票条例の制定運動の展開自体は取り立てて珍しい光景ではなくなっており、全国的にも広く浸透した住民による自発的参加行動の一つであることは、大方の同意が得られるものと思われる。

ところで、この住民投票条例の制定運動が広く全国に浸透する過程で、個々の争点となる課題や条例案の内容をめぐっては、関係者、研究者、マスコミらを中心に活発な議論が繰り広げられてきた。一方でこの制定運動が「拠って立つ」ところの条例の制定改廃請求の「制度」そのものに関しては、あたかも確立されたもの（＝「所与の制度」）であるかのように、殆ど議論に付されることはなかった。

しかし、この制度は完成されたものではなく実際にはいくつもの欠陥を抱えており、それらが長らく直接請求による条例制定を約一割程度という低い数字に押し止めてきた（＝請求に対する「制約」として機能してきた）と筆者は理解している。妥当な理由によらない過少な制定率の問題は、参加民主主義的に見て問題がある。過少性が現行制度に由来するものであれば、その改革なしにはこと住民投票条例に限らずあらゆる条例の制定改廃を求める運動が今後いくら盛んに行われようとも住民の意思を具現化させること（＝条例制定そして住民発意の政策の実施）は非常に難しいと言わざるをえない。

以上のような認識を基に筆者は住民投票の争点となる個別課題や条例の内容に関する議論もさることながら、まずもって条例の制定改廃請求の「制度」自体が抱える欠陥の検討とその克服、すなわち根本的な制度改革こそが急務と考えている。本書はその一つの解答（＝ささやかな「試論」）に他ならない。

註

（1）今さらなぜ「参加民主主義」なのかと思われる向きもあるかもしれないが、その点については、「あとがき」を参照されたい。

（2）但し、この沖縄の県民投票の場合は、国の施策に対する県民の意思表示である。

（3）賀来健輔「近時の住民投票条例制定の直接請求に関する一考察」『地方自治研究』二九巻一号、二〇一四年、一八頁。

（4）賀来、前掲、一五、一七頁。

目次

資料編

第一章

条例の制定改廃請求のフレームワーク

1 制度の概要

そもそも条例の制定改廃請求とはどのような制度なのだろうか。まずその点を理解しておくために、該当条文に沿ってその制度の概要を見ておこう。

地方自治法 第七十四条

① 普通地方公共団体の議会の議員及び長の選挙権を有する者（以下この編において「選挙権を有する者」という。）は、政令の定めるところにより、その総数の五十分の一以上の者の連署をもつて、その代表者から、普通地方公共団体の長に対し、条例（地方税の賦課徴収並びに分担金、使用料及び手数料の徴収に関するものを除く。）の制定又は改廃の請求をすることができる。

② 前項の請求があつたときは、当該普通地方公共団体の長は、直ちに請求の要旨を公表しなければならない。

③ 普通地方公共団体の長は、第一項の請求を受理した日から二十日以内に議会を招集し、意見を付けてこれを議会に付議し、その結果を同項の代表者（以下この条において「代表

者」という。）に通知するとともに、これを公表しなければならない。

④　議会は、前項の規定により付議された事件の審議を行うに当たつては、政令で定めるところにより、代表者に意見を述べる機会を与えなければならない。

⑤　（以下略）

この条文はもっぱら制度の手続きについて示したものであって、肝心の制度の意味内容についてはごく僅かしか触れられていないが、つまるところ「当該地方自治体の住民（有権者）が、新たな条例の制定や既存の条例の改正や廃止を求め、長に請求できる制度である」（一項）ということに尽きる。

ここでの重要なポイントは、あくまでもそれは「長に請求できる制度」であって、住民の意思によって直接決定がなされうる制度ではないという点である[1]。よって「住民による意思表示（＝住民発意）制度」の域を出るものではない。また請求内容については、公共問題のすべてにおいて請求可能なわけではなく、地方税の賦課徴収並びに分担金、使用料及び手数料の徴収に関するものは、その対象から除外されている（一項括弧書）。

このように住民による意思決定にまで踏み込んでいない点、また必ずしもすべての公共問題について請求可能とはなっていないという点で、住民自治の観点から見れば不満の残る制度内容になっている。そうではあるが、住民の自発的な意思に基づく条例制定に道を拓く制度であることは確かであって、その点からは紛れもなく自治体の政策形成過程における住民参加制度の一つとして数えられる。

二項以下で示される制度のおおよその仕組みは次の通りである。請求を行うためには当該自治体の有権者の五〇分の一以上の連署を必要とする。施行令に委ねられているが、署名の収集は都道府県・政令指定都市では二か月以内、市町村では一か月以内と期間の定めがある（地方自治法施行令九二条三項）。請求は請求代表者が首長に対し行う。首長はこの請求に意見をつけて議会に付議する。議会では請求代表者の意見陳述や審議を経た上で議決に至る（この点の図解は、第四章図4—1を参照）。

条例の制定改廃請求は、このような手続きを踏んで行われる。本書の主要な検討課題である制度の欠陥（＝住民からの直接請求を制約する要因）は、この仕組みの中に多く見出される。これらの点については、第四章で詳しく検討する。

2　地方自治体の住民参加制度の中の条例の制定改廃請求

今日地方自治体では、住民の声を積極的に自治体運営に取り入れていくためにさまざまな住民参加制度を用意している。参考までにその主なものを示したのが、表1—1である。

表 1-1　地方自治体への主な住民参加制度

制度の区分	具体的制度の名称	制度の根拠など
選挙	長・議員の選挙権 長・議員の被選挙権	地方自治法 18 条 地方自治法 19 条
直接請求	条例制定又は改廃請求 事務の監査請求 議会の解散請求 議員・長・主要公務員の解職請求	地方自治法 12 条 1 項、74 条 地方自治法 12 条 2 項、75 条 地方自治法 13 条 1 項、76 条 地方自治法 13 条 2、3 項、80 条、81 条、86 条
監査・訴訟	住民監査請求 住民訴訟	地方自治法 242 条 地方自治法 242 条の 2
住民投票	地方自治特別法の住民投票 市町村合併に係る法定合併協議会設置の請求に関する住民投票 特別区の設置に係る住民投票 条例に基づく住民投票	憲法 95 条、地方自治法 261 条、262 条 合併特例法 4、5 条 大都市地域特別区設置法 7 条、8 条 各自治体の条例に拠る
その他の法制度に基づく住民参加制度	請願 陳情 公聴会 意見書の提出	憲法 16 条、地方自治法 124 条 地方自治法 109 条 3 項ほか 地方自治法 109 条 5 項、115 条の 2、都市計画法 16 条ほかの個別法 環境影響評価法 8 条、18 条ほかの個別法
自治体独自の住民参加制度	公的諮問機関への公募委員 広聴活動 パブリックコメント制度 首長との対話集会 自治体との個別事案の懇談会 市民（住民）会議等による計画策定 オンブズマン制度による苦情申立て	各自治体独自の条例・要綱・規則等に拠る

出典）　筆者作成

住民参加制度と一口に言っても、それは政策過程の形成、実施、評価の各過程でさまざまな形で導入されており、またそれぞれに採用の意図が異なっていることも多い。この表で取り上げた住民参加制度は、古くから政治学や行政学における住民参加研究の最大の関心事であった「政策に影響を与えることを意図した参加」に限定したものである。従って、近年よく見られる実施過程における住民参加——例えば、行政と住民の協働による事業実施——など、特に政策に影響を与えることを意図しない参加については除外してある。

地方自治体が用意する多様な住民参加制度のうち、住民が原則自由に課題を設定し政策形成を企図できるものは、「条例の制定改廃請求」を除けば、「請願」、「陳情」、「広聴活動」など実はごく僅かしかないのが現状である[2]。多くは行政官が主導する政策形成過程に住民の参加を取り込む制度となっており、そこに行政官の意向・恣意性といったものが入り込む余地が多分にあるのは否めない。

この住民参加制度の中で最も自治体の政策形成に影響を及ぼしうるのは、「条例の制定改廃請求」ではないかと筆者は見做している。個々の住民参加制度についてその政策形成への「効力（影響力）」を直接的かつ実証的に示すことは難しいが、いくつか間接的に傍証となる手掛かりを提供することはある程度可能ではないかと思われる。具体的には、①「制度の重み」、②「プロセスの明瞭性（透明性）」、③「手続きの慎重さ」、④「実効性の確保」といった点からである[3]。①の「制度の重み」とは、どのような根拠に基づく制度なのか（法令か任意か等）という点である。また②の「プロセスの明瞭性（透明性）」とは、政策形成に影響を及ぼす住民参加のプロセス（仕組み）が明瞭（明快）であるかという点である。例えば、単なるガス抜きを目的とした住民参加（それは往々にして「パブリックコメント制度」などに見られる批判であるが）などは、政策形成への反映が不明瞭（不透明）である。③の「手続きの慎重さ」とは、時間をかけた審議・検討が多数の者によって行われる仕組みになっているかという点である。そして最後の④の「実効性の確保」とは、政策としての実現可能性という点である。

　これらの点を総合して比較すると、条例の制定改廃請求は、法令を根拠とし、署名収集から議会の議決までのプロセスの明瞭性、手続きの慎重さ、そして可決率は低いものの議会の議決で制定される仕組みが整っており（＝実効性が確保される制度）、現行市井の住民が地方自治体の政策に最も影響を及ぼしうる（可能性を有する）住民参加制度ではないかと思われるのである。

3　直接請求制度の中の条例の制定改廃請求

　条例の制定改廃請求は、地方自治法の第二編第五章で定める直接請求の一つである。そこで規定される直接請求には、条例の制定改廃請求のほか、事務の監査請求、議会の解散請求、議員、長、役員（主要公務員）の解職請求の四つがある（表1―2）[4]。参考までに言えば、この他にも教

表 1-2　地方自治法に定める直接請求（第2編第5章関係）

種類	請求対象	署名数要件	請求先	決定者	請求結果	備考
条例の制定又は改廃請求（12条1項、74条、74条の2〜74条の4）	条例	有権者の50分の1以上の連署	長	議会	長は受理の後20日以内に意見を付し議会に付議。過半数で可決。	但し、地方税の賦課徴収、分担金・使用料・手数料の徴収に関するものは請求対象から除く。
事務の監査請求（12条2項、74条の2〜74条の4、75条）	地方公共団体の事務	有権者の50分の1以上の連署	監査委員	監査委員	請求事項を監査し、議会、長、関係委員会に報告。	
議会の解散請求（13条1項、74条の2〜74条の4、76条〜79条）	議会	有権者の3分の1以上の連署*	選挙管理委員会	議会	選挙人の投票に付し、過半数の同意で解散。	*有権者の総数が40万を超える場合、40万を超える部分は1/6に、80万を超える場合、40万から80万の部分は1/6に、80万を超える部分は1/8に、それぞれ署名数要件は緩和される。
議員、長、主要公務員の解職請求（13条2項、74条の2〜74条の4、80条〜88条）	長 議員 主要公務員	有権者の3分の1以上の連署*	選挙管理委員会（長・議員） 長（主要公務員）	議会	議員は選挙区の選挙人の投票に付し、過半数の同意で失職。 長は選挙人の投票に付し、過半数の同意で失職。 主要公務員は長が議会に付議、3分の2以上の出席、4分の3以上の同意で失職。	*有権者の総数が40万を超える場合、40万を超える部分は1/6に、80万を超える場合、40万から80万の部分は1/6に、80万を超える部分は1/8に、それぞれ署名数要件は緩和される。

出典）筆者作成

育委員会の教育長又は委員の解職請求（地方自治法一三条三項、地方教育行政の組織及び運営に関する法律八条）、海区漁業調整委員会の委員の解職請求（漁業法九九条）、土地改良区総代の解職請求（土地改良法二四条）など他の法律による同様の制度もある。(5)

四つの直接請求は、事後的側面と事前的側面からその性格を二つに分類できる。前者に該当するのは、事務の監査請求、議会の解散請求、議員、長、主要公務員の解職請求である。これらは、人や出来事に関する不祥事や疑義に対し住民が起こす参加行動であって、通常住民は地方自治体に不満を持つことによって初めてそのようなアクションを起こす。その点からも、こちらは事後的かつ特定の対象に限定されたもので、地方自治体に対する監視的な側面が強い参加行動と言える。

これに対し後者に該当するのは、条例の制定改廃請求である。こちらは、例えば住民が地方自治体の現状に何か足りないものを感じ取るときや将来構想を考える場合などに生起しうるものであり、特定の不祥事や疑義などを必ずしも契機としない参加行動である。その点から、事前的ないしは未来志向的であり、これからの地方自治体を住民が積極的に作っていこうとする政策形成的な側面を有する参加行動と言えるだろう。(6)

但し、このような分類はあくまでも典型的な例であって、必ずしもすべての事例がこれらに上手く当てはまるというわけでもない。場合によっては、首長の解職請求が政策変更や当該地方自治体の将来を問う政策形成的な側面を持つものであったり、また既存の条例が十分に機能しない

ことからその改正や廃止を求める事後的側面から行われる条例の制定改廃請求もある。(7)

あくまでもこの分類において強調したい点は、直接請求として四つが一括りにされている中で、条例の制定改廃請求が他の請求とはかなり性格を異にした制度であるということへの理解にある。

註

(1) 平松弘光は、その点をもって条例の制定改廃請求を「『半』市民立法」と表現している。平松弘光「条例制定・改廃の直接請求──市民発案の一つの姿──」自治立法研究会編『分権時代の市民立法──市民発案と市民決定──』公人社、二〇〇五年、二一三頁。

なお本書の主たる関心とはずれるが、「市民立法」なる用語は非常に多義的である。この点に関しては、平松の論稿のほか、高橋秀行・森賢三「第八章 市民立法」高橋秀行・佐藤徹編『新説 市民参加〔改訂版〕』公人社、二〇一三年、市民立法機構編『市民立法入門』ぎょうせい、二〇〇一年、勝田美穂『市民立法の研究』法律文化社、二〇一七年、特に第一章などを参照のこと。

(2) 請願、陳情に関してはやや古いが包括的に扱った解説書として、中島正郎『新訂 請願・陳情ガイドブック』ぎょうせい、一九九二年がある。なお二〇一二(平成二四)年の地方自治法改正で、一〇九条三項は「議案、請願等」と「陳情」の文字が削除されたが、この「請願等」の「等」に「陳情及び陳情類似の要望、意見書のようなものも含むもの」とされる（松本英昭『新版　逐条地方自治法　第9次改訂版』学陽書房、二〇一七年、四二九頁）。

加えて、数少ない地方自治体における請願、陳情に関する実証的分析として、今橋盛勝「地方自治体における請願・陳情の研究」『茨城大学政経学会雑誌』四三号、一九八〇年、辻陽「地方議会と住民」『近畿大學法學』五四巻三号、二〇〇六年、を挙げておく。

（3）もちろん法令よりも任意の住民参加制度――例えば、行政が「場」を設定し、広く・深く住民相互による政策形成を目指す市民協議会方式に基づく条例制定のような方法など――が、場合によって政策形成に強い影響をもたらすことがあるのは十分に承知している。その意味からも、あくまで側面的視点から見た推測の域を出るものではない。

（4）地方自治法に規定される直接請求には、この第二編第五章のほかにも広域連合の規約変更の要請の請求（二九一条の六第二項）がある。

（5）直接請求実務研究会編『実務解説　直接請求制度』ぎょうせい、二〇一四年、五―六頁。

（6）この点に関しては、これまでにも例えば高寄昇三は、「直接請求のなかにあって、解散・解職請求権が監視的機能を主たる目的としているのに対して、条例請求権は政策立案・批判機能を主たる目的としていることを改めて評価しなければいけない」と、また同様に平松弘光も、「条例制定・改廃の直接請求は自治体の政策に関する市民の意思を実体化した条例案の実現を迫るという点で、他の直接請求のように抗議の意思の実現という機能に限られているものとは趣を異にしている」と評していた。それぞれ高寄昇三『住民投

票と市民参加』勁草書房、一九八〇年、二九九頁。平松弘光「条例制定・改廃の直接請求」一一〇頁。

(7) この点に関して、かつて手島孝は、長のリコールが個別特定の政策課題のチェックに使われることを「リコールの〝目的外使用〟」という文言を用いて述べている。手島孝「現代リコール論」『ジュリスト』八七〇号、一九八六年、四四頁。併せて、大杉洋「第一章　なぜ、住民投票なのか」横田清編『住民投票Ⅰ』公人社、一九九七年、一〇頁も参照。

また住民投票に関する条例制定請求などの場合、請求活動に従事する住民らは、多くその制定及び実施を最終的な「目標」としているのではなく、その先にある「個別課題の中止」を求めて活動していることは明らかである（例えば、公共施設の建設を阻止する運動の過程で「公共施設建設の賛否を問う条例」の制定を求め、さらに多数の民意による反対という結果をもってして最終的に建設計画の中止を迫るといった類いのもの）。そこでは実質的に、長や議会による民意を無視した政策決定に対する統制手段（＝事後的側面）として請求は企図されていると見るべきであろう。この住民投票の「統制」さらには「代案」の機能にまで踏み込んだ議論を展開している有益な論稿として、上田道明「第八章　住民投票が映しだすローカル・ガバナンスの現在」石田徹・伊藤恭彦・上田道明編『ローカル・ガバナンスとデモクラシー――地方自治の新たなかたち――』法律文化社、二〇一六年、を挙げておく。

第二章

条例の制定改廃請求の実証的分析

1　調査の前提

条例の制定改廃請求に関する実証的分析は、筆者の知る限りこれまで殆どなされておらず、おそらく自治立法研究会によるものが唯一である。その成果は、『市民立法総覧』と『分権時代の市民立法』（ともに公人社刊。以下「研究会調査」）の二つの労作に結実している。(1) 前者は制度発足の一九四七（昭和二二）年四月から一九九九（平成一一）年三月までの膨大なデータを旧自治省及び総務省発行の『地方自治月報』により整理・収攬したもので、後者はその資料を基に時系列的な分析を加えたものである。この時点以降の動向は、同研究会及びその他においても全く調査されていない。

本章ではこの研究会調査を引き継ぐ形で、一九九九（平成一一）年四月から二〇一六（平成二八）年三月までの直近一七年間を対象とした時系列的分析を行い、同調査と照らし合わすことで制度発足から現在までの動向を振り返ることにしたい。(2)

2 調査結果と若干の分析——一九九九（平成一一）年四月から二〇一六（平成二八）年三月

(1) 都道府県

調査結果

調査期間中の請求件数は、都道府県は市町村と比較すると非常に少なく、一七年間で僅か九件に止まる（表2—1）。この都道府県の請求件数の少なさは、研究会調査以来変わらない傾向である。

請求の内訳は、九件中「制定」が七件、「改正」が二件である。「改正」はどちらも和歌山県におけるものであった（請求代表者証明書の交付年月日が近いが別個のものである。それぞれ二〇〇六〔平成一八〕年七月一九日、九月二八日の議会で否決）。また請求内容は、愛知県、滋賀県、佐賀県、東京都、静岡県、新潟県の六件は、「住民投票条例の制定を求めるもの」で、和歌山県の二件は、議員の「選挙区定数の削減と人口比による格差是正を求めるもの」、島根県の一件は、「自然再生エネルギーの普及と脱原発を目指す条例の制定を求めるもの」であった。いずれも最終的には議会で否決されるに至っている。

表 2-1 条例の制定改廃請求の内訳（都道府県）

1999（平成 11）年 4 月～ 2016（平成 28）年 3 月

請求代表者証明書交付年月日	都道府県	請求事項	議決	有権者数	署名総数	有効署名数	法定署名数	署名率
2000（平成 12）年 3 月 14 日	愛知県	2005 年「愛知万博」開催の是非を問う県民の投票に関する条例の制定について	否決	5,457,385	328,218	310,373	109,148	5.7%
2005（平成 17）年 9 月 28 日	滋賀県	新幹線「びわこ栗東駅」建設の是非を問う住民投票条例の制定について	否決	1,076,733	80,345	75,497	21,535	7.0%
2006（平成 18）年 4 月 21 日	和歌山県	和歌山県議会の定数及び各選挙区において選挙すべき議員の数を定める条例の一部改正について	否決	864,299	24,484	23,988	17,286	2.8%
2006（平成 18）年 4 月 24 日	和歌山県	和歌山県議会の定数及び各選挙区において選挙すべき議員の数を定める条例の一部改正について	否決	863,076	30,632	28,071	17,262	3.3%
2006（平成 18）年 10 月 3 日	佐賀県	玄海原子力発電所におけるプルサーマル計画の受け入れの賛否に関する県民投票条例の制定について	否決	693,215	53,792	49,609	13,865	7.2%
2011（平成 23）年 12 月 9 日	東京都	東京電力管内の原子力発電所の稼働に関する東京都民条例の制定について	否決	10,710,254	345,491	323,076	214,206	3.0%
2012（平成 24）年 5 月 11 日	静岡県	中部電力浜岡原子力発電所の再稼働の是非を問う県民投票条例の制定について	否決	3,077,022	181,561	165,127	61,541	5.4%
2012（平成 24）年 6 月 22 日	新潟県	東京電力柏崎刈羽原子力発電所の稼働に関する新潟県民投票条例の制定について	否決	1,953,408	71,742	68,353	39,069	3.5%
2013（平成 25）年 10 月 21 日	島根県	島根県エネルギー自立地域推進基本条例の制定について	否決	586,637	92,817	83,323	11,673	14.2%

注） 4 月 1 日～翌年 3 月 31 日を基準年度とした。小数点第 2 位以下は切り上げた。
出典） 総務省『地方自治月報』53 ～ 58 号（2005 ～ 2017 年刊行）を基に筆者が集計。

全有権者数に占める有効署名数の割合（署名率）は、約二・八〜一四・二％と事例間でばらつきが見られる。

若干の分析

請求件数の少なさに関しては、四つの理由が考えられる。一つは、都道府県と市町村の所掌事務の性格の違いである。市町村は基礎自治体として最も身近な地域の公共問題に多く関わるため、中間団体としての都道府県より請求が多くなることは自然な結果と言える。二つめは、この期間は〝平成の大合併〟の時期を含み、市町村では合併の意思を問う住民投票条例の制定請求が飛躍的に増加した。合併論議とは関係ない都道府県では、そのような動向と無縁であった。三つめは、単純に都道府県と市町村の自治体数の違いが請求件数の差に大きく表れていることは相違ないであろう。四つめは、都道府県の方が市町村より一般的には人口が多く、その分署名数の要件をクリアすることに難しさが伴う。この点が請求運動を遠ざけたのではないかと考えられる。そのような中で人口の多い愛知県や東京都で請求運動が行われ、三〇万人を超える署名を集め本請求に至った点は注目してよいだろう。

請求内容については、九件のうち六件が「住民投票条例の制定請求」で、特に「制定」の請求はすべて住民投票条例に関するものであった。都道府県レベルの住民投票条例制定の請求は、八〇年代半ばに初めて登場し、九〇年代以降増加する傾向が見られる(3)。請求の具体的内容は、これまでも「原発・環境問題への危惧」や「公共事業のあり方」を問うものが多かったが、この都道府県レベルの六件もそれに当てはまる形となっている。

九件の請求すべてについて否決されているが、従来概ね一〇％程度と指摘されてきた可決率よりさらに厳しい結果が出ている。(4) これは都道府県レベルにおける総請求件数の少なさのためとみることができるかもしれないし、また研究会調査における「有効署名数と議会の可決率との関連性」の指摘に沿って説明することも可能である。(5)

そこでは、法定署名数に対する署名数の多寡が、最終的な議会での可決率に大きな影響を及ぼしていた。すなわち有効署名数を多く集めれば集めるほど議会もその結果を無視しにくくなるという指摘である。彼らは議会で可決されるための必要条件として全有権者の四〇％以上の署名数を挙げていた。それに従えば、この九件の事例は、全有権者の七％以下という少数に止まっており、その点では議会の否決は妥当な結果とみることができる。(6)

(2) 市町村

調査結果

調査結果から明らかになるのは、以下の諸点である（表2―2）。

請求件数は、二〇〇二（平成一四）年度から二〇〇四（平成一六）年度にかけてが突出して多い。

表 2-2　市町村の条例の制定改廃請求の推移

1999（平成 11）年 4 月～ 2016（平成 28）年 3 月

	証明書の交付のみに終わったもの	署名簿が取り下げられたもの	請求を却下したもの	議会に付議したもの			件数
				否決	修正可決	可決	
1999（平成 11）年度	0	0	0	17	1	0	18
2000（平成 12）年度	3	0	0	21	1	2	27
2001（平成 13）年度	1	2	0	29	1	1	34
2002（平成 14）年度	2	0	0	56	4	6	68
2003（平成 15）年度	8	1	0	99	14	9	131
2004（平成 16）年度	16	5	1	118	27	11	178
2005（平成 17）年度	2	1	1	26	3	0	33
2006（平成 18）年度	0	2	0	33	3	4	42
2007（平成 19）年度	1	3	0	18	0	2	24
2008（平成 20）年度	0	0	0	21	1	4	26
2009（平成 21）年度	0	0	1	16	1	0	18
2010（平成 22）年度	1	0	0	22	2	1	26
2011（平成 23）年度	3	0	0	19	1	0	23
2012（平成 24）年度	0	0	0	23	1	1	25
2013（平成 25）年度	1	0	1	10	0	0	12
2014（平成 26）年度	2	0	0	11	2	0	15
2015（平成 27）年度	2	1	0	15	0	1	19
合計	42	15	4	554	62	42	719

注）4 月 1 日～翌年 3 月 31 日を基準年度とした。
出典）総務省『地方自治月報』53～58 号（2005～2017 年刊行）を基に著者がまとめた。
2008 年度までは一部データの補正を施した。それ以降は月報記載の数字をそのまま集計。

他の年度が二〇～三〇件程度の間で推移しているのに対し、ピーク時の二〇〇四（平成一六）年度には約一七八件と約六倍にまで増加している。

請求の内訳は、圧倒的に「制定」の請求が多く、以下「改正」、「廃止」の順になっている。「廃止」を求める請求は非常に少ない。

議会の議決は、圧倒的に「否決」が多く、「可決」は非常に少ない。全議決に占める「可決」の割合は約六・四％で、「修正可決」を含んでも約一五・八％に止まる。この点特に一九九九（平成一一）年度から二〇〇八（平成二〇）年度の一〇年間に限定して請求内訳を詳細に調べた限りでは、その中で特に可決率が低いのは、「議員・職員等の報酬に関するもの」（修正可決を含んで約一一・八％）と「議員定数等に関するもの」（修正可決を含んで約一六・七％）であった[7]（表2―3）。

またこの一〇年間で最も多かった請求件数の内容は、「住民投票条例の制定」であった[8]。一番多かった請求の具体的内容は「市町村合併の意思を問うもの」であり、以下「まちづくり」、「環境問題」を争点とした「開発の是非を問うもの」が続く。「まちづくり」の具体的内容に関しては、道路や施設建設などの大規模公共事業に巨費を投入することへの是非を問うものが大半で、「環境問題」のそれは、多くは環境破壊・リスクが懸念される対象に対する開発の是非を問うものである。

住民投票条例以外で多い請求は、「議員定数の削減を求めるもの」、「平和問題に関するもの」、「議員・職員等の報酬削減を求めるもの」の順となっている。この「平和問題」とは、具体的には「無防備平和都市宣言の条例化を目的とする請求」である。この請求は、二〇〇四（平成一六）年以降一時的にある時期に集中して表れたが可決例は見られない。
この他表2―3では現れてこない議会の議決にまで至らずに請求運動を断念した例も少なくない。「証明書の交付のみ」、「署名簿の取り下げ」、「請求の却下」の件数は、一七年間で六一件にのぼり、これは総件数の八・五％にあたる。

若干の分析

請求件数の一時的な急増は、先にも述べたように、二〇〇五（平成一七）年三月末に合併特例法が一旦失効するため（国の合併施策のアメの恩恵を受けるためには、この時までに合併の手続きを踏む必要があった）、それに呼応して各自治体で合併の意思を問う住民投票条例の制定・実施の動きが高まったのである。従って、当然のように、二〇〇五（平成一七）年四月以降は同様の請求は激減した。

請求の内訳で「制定」が圧倒的に多い理由は判然としないが、この傾向は研究会調査と同様である。推測の域を出るものでないが、当該自治体に生起した新たな課題に対し首長も議会も動かない中で住民がとる主体的行動となると、条例の制定請求という形で表れやすいのかもしれない。

この一九九九（平成一一）年四月から二〇一六（平成二八）年三月までの一七年間の調査期間における議会の可決率は約六・四％で、修正可決を含んでも約一五・八％である。因みに制度発

1999（平成 11）年 4 月 1 日～2009（平成 21）年 3 月 31 日

2004（平成16）年				2005（平成17）年				2006（平成18）年				2007（平成19）年				2008（平成20）年				合　計			
否決	可決	修正	その他	否決	可決	修正	その他	否決	可決	修正	その他	否決	可決	修正	その他	否決	可決	修正	その他	否決	可決	修正	その他
109	10	27	19	14	0	1	2	7	0	2	0	9	2	0	0	12	2	1	0	324	29	48	30
0	0	0	0	0	0	0	0	0	0	0	0	1	0	0	0	1	0	0	0	2	0	0	0
104	10	27	19	7	0	0	0	3	0	2	0	3	1	0	0	4	2	1	0	255	26	47	28
4	0	0	0	6	0	0	0	2	0	1	1	4	1	0	0	6	0	0	0	47	1	0	2
0	0	0	0	1	0	0	0	2	0	0	0	1	0	0	0	1	0	0	0	16	2	0	0
1	0	0	0	0	0	0	0	0	0	0	0	0	0	0	0	0	0	0	0	4	0	0	0
1	0	0	0	0	0	0	0	1	0	0	1	3	0	0	2	1	1	0	0	11	1	1	4
2	1	0	0	1	0	2	2	13	2	1	0	2	0	0	1	1	0	0	0	36	4	4	4
4	0	0	0	8	0	0	0	7	0	0	0	2	0	0	0	4	0	0	0	25	0	0	0
0	0	0	0	0	0	0	0	1	0	0	1	0	0	0	0	2	0	0	0	3	0	0	0
1	0	0	0	0	0	0	0	0	1	0	0	0	0	0	0	1	0	0	0	3	1	0	0
1	0	0	2	0	0	0	0	2	0	1	0	2	0	0	0	0	0	0	0	13	1	3	3
0	0	0	0	1	0	0	0	0	0	0	0	0	0	0	1	0	0	0	0	3	1	0	1
0	0	0	1	2	0	0	0	2	0	0	0	0	0	0	0	0	1	0	0	20	2	0	6
118	11	27	22	26	0	3	4	33	3	4	2	18	2	0	4	21	4	1	0	438	39	56	48
178				33				42				24				26				581			

(2 分冊の 1)』54 号、2008 年、同『地方自治月報』55 号、2011 年、を基に筆者
て当該年次の数字を単純に合計しても表記の数字にはならない。本文註にも記し

表 2-3　条例の制定改廃請求の内訳（市町村）

	1999（平成11）年				2000（平成12）年				2001（平成13）年				2002（平成14）年				2003（平成15）年			
	否決	可決	修正	その他	否決	可決	修正	その他	否決	可決	修正	その他	否決	可決	修正	その他	否決	可決	修正	その他
1. 住民投票条例	6	0	0	0	10	1	1	0	22	0	0	1	40	5	2	2	95	9	14	6
(a. 常設型住民投票)	0	0	0	0	0	0	0	0	0	0	0	0	0	0	0	0	0	0	0	0
(b. 市町村合併)	2	0	0	0	1	0	1	0	10	0	0	1	32	4	2	1	89	9	14	6
(c. まちづくり)	3	0	0	0	5	0	0	0	6	0	0	0	7	0	0	1	4	0	0	0
(d. 環境問題)	1	0	0	0	3	1	0	0	5	0	0	0	1	1	0	0	1	0	0	0
(e. その他・不明)	0	0	0	0	1	0	0	0	1	0	0	0	0	0	0	0	1	0	0	0
2. 議員・職員等の報酬	3	0	0	0	0	0	0	1	1	0	1	0	1	0	0	0	0	0	0	0
3. 議員定数等	2	0	0	0	3	0	0	0	3	0	0	1	7	1	1	0	2	0	0	0
4. 平和問題	0	0	0	0	0	0	0	0	0	0	0	0	0	0	0	0	0	0	0	0
5. 財政問題	0	0	0	0	0	0	0	0	0	0	0	0	0	0	0	0	0	0	0	0
6. 環境・安全・リスク	0	0	0	0	0	0	0	0	1	0	0	0	0	0	0	0	0	0	0	0
7. まちづくり	2	0	1	0	4	0	0	0	1	0	0	1	1	0	1	0	0	0	0	0
8. 政治倫理	0	0	0	0	0	1	0	0	0	0	0	0	1	0	0	0	1	0	0	0
9. その他	4	0	0	0	4	0	0	2	1	1	0	0	6	0	0	0	1	0	0	3
小計	17	0	1	0	21	2	1	3	29	1	1	3	56	6	4	2	99	9	14	9
合計	18				27				34				68				131			

注）4月1日～翌年3月31日を基準年度とした。

出典）総務省『地方自治月報（3分冊の1）』53号、2005年、同『地方自治月報が集計。但し、独自の調査結果を踏まえ一部データの加筆修正を施した。従ったが、正確さに欠ける面があるのは否めない。

足の一九四七（昭和二二）年から一九九九（平成一一）年にかけた研究会調査では、総件数一三五二件中、可決は五〇件（三・七％）、修正可決は七七件（五・七％）、可決・修正可決の合計は一二七件（九・四％）という結果が示されていた。(9) 今回の調査期間の結果は、研究会調査のそれよりは高い数字を示しているが、総じて可決率が低い傾向は変わっていない。

また研究会調査では、六つの時代区分で可決率（修正可決を含む）を調査しているが、その最も高い時期は、一九五三（昭和二八）年～一九六二（昭和三七）年の一六・二％で、今回の結果はそれをやや下回る程度である。因みに最も低い時期は一九五三（昭和二八）～一九六二（昭和三七）年の八・五％で、この時期可決率が下がった理由は、市長や議員の報酬・費用弁償の引き下げに関連する請求が出され、多くが否決されたためという。(10)

議会（＝議員）にとってマイナスに働くような請求内容に対し、可決率が低くなるのは当然の結果と言えよう。しかし、だとすれば逆に議会にとって制定がプラスに働くような請求内容には可決率が高めになるという仮説も成り立つかもしれない。

この点、〝平成の大合併〟の時期に通常の時と比べ可決率が高い点（二〇〇二年度は可決率は九・一％、修正可決まで含むと一五・二％、二〇〇三年度は可決率は七・四％、修正可決まで含むと一八・九％、二〇〇四年度は可決率は七・一％、修正可決まで含むと二四・四％）は、それを示していると言えるのではないだろうか。市町村合併の判断を住民に丸投げするという意味で、議会が合併の是非を問う住民投票条例の制定に前向きに動いたという可能性は大いにありうる話ではある。

住民投票条例に次いで多かった請求内容は、「議員定数の削減を求めるもの」、「議員・職員等の報酬削減を求めるもの」であった。夕張市が破綻（＝当時の「財政再建団体」の指定）したのが二〇〇七（平成一九）年三月のことであり、この時期前後に自治体財政の窮乏がマスコミ報道などで頻繁に取り上げられた。それに沿った住民側の対応と理解できなくもない。

議決にまで至らず請求運動を断念するケースが無視できない程度に一定数ある点は、制度の仕組みに請求運動を困難にする要因が潜んでいる証左と見てよいだろう。この点は本書の主要な検討課題に関わる点であり第四章において詳述する。

註

（1）自治立法研究会編『市民立法総覧 直接請求編』公人社、二〇〇三年、自治立法研究会編『分権時代の市民立法――市民発案と市民決定――』公人社、二〇〇五年。及び、これら二点の著者の一人による以下の文献も参照のこと。平松弘光「分権時代の自治体法務分権時代の市民立法――条例制定・改廃の直接請求――」『リポート21』二〇〇〇年度、二〇〇〇年。

（2）調査で用いた資料は次の通り。総務省『地方自治月報（三分冊の一）』五三号、二〇〇五年、同『地方自治月報（二分冊の一）』五四号、二〇〇八年。また同『地方自治月報』五五号、二〇一一年～五八号、二〇一七年までの各号のデータは、総務省のウェブサイトから入手した（http://www.soumu.go.jp/main_sosiki/jichi_gyousei/bunken/chousa.html）。

なお、この『地方自治月報』各号のデータには、これまで重複や明らかな誤りがいくつも見つかっている。可能な限り補正を施したが、筆者の判断に基づくものもあり調査結果の正確性は十分に期待できない。従って、あくまでも「対象期間の傾向把握」程度のものとして了解されたい。この重複や誤りに関しては、既に自治立法研究会の調査時から指摘がなされてきた点でもある。自治立法研究会編『市民立法総覧』一一頁、四八―五〇頁、及び自治立法研究会編『分権時代の市民立法』三―四頁。

本調査分析で重視している連続性とは、時系列的な調査を同一の資料を用い行っている点を意味するものであり、必ずしも調査方法のすべてが同じ基準に則って行われているわけではない（例えば、先の原資料の補正方法などは独自の判断基準による）。

また、集計の基準とした年月日に関して付言しておく。直接請求の動向をみると、実際には本請求にまで至らない事例も結構見受けられる。そこでこの調査では、「直接請求という制度への主体的な行動の程度を測る」という意味合いから、請求代表者の証明書交付をもって「直接請求への具体的行動の一歩」として認め、その年月日を年度の基準日とした。

（3）一番最初に都道府県レベルで住民投票条例の制定を求めた直接請求は、一九八五（昭和六〇）年青森県における「核燃料サイクル施設建設立地に関する県民投票条例の制定について」であった（県議会において否決）。今井一『住民投票』岩波書店、二〇〇〇年、付表を参照。

（4）例えば、辻山幸宣「意思決定への参加の制度 1 直接請求制度の意義と現状」『ＮＩＲＡ政策研究』一二巻一二号、一九九九年、五一―五二頁、自治立法研究会編『市民立法総覧 直接請求編』四〇頁。

（5）自治立法研究会編『分権時代の市民立法』一四―一五頁、七六頁、七八―八二頁。

（6）自治立法研究会編、前掲、一三―一六頁。彼らは調査結果を踏まえて次のように述べている。「仮に、全有権者の二％をわずかにこえた有効署名数で条例が成立したとしたら、それは偶然か、あるいは、たまたま議会内での駆け引き材料となった結果であったというだけのことであろう。（中略）少なくとも、請求する条例案についてまっとうに議会で多数の賛成を得て可決することを考えるなら、有効署名数が全有権者の四〇％を超えていることは必要条件となろう。市民の多数の賛成を得られずして、議会で多数の賛成を望むことはできまい」（同書、一五頁）と。しかし、だとすると二％という法定署名数の持つ意味は何なのかという疑問も一方で湧いてくる。

併せて、住民の意思が自治体の意思となるためには、議会の会派構成（＝多数派の支持）が重要な意味を持つとする指摘もある。辻陽「地方議会と住民」『近畿大學法學』五四巻三号、二〇〇六年。

（7）拙稿「近時の条例の制定・改廃の直接請求に関する通時的考察――一九九九～二〇〇九――」『地方自治研究』二八巻二号、二〇一三年、五〇頁。以下請求内訳に関する点は、この論稿に拠る。

（8）福士明は条例の制定・改廃請求のタイプを、①政策抵抗型（公安防止条例廃止請求や報酬に関する条例改正など）、②政策提案型（環境アセスメント、情報公開、倫理条例など)、③政策決定参加型(住民投票など)に分類し、時代的に①、②、③の順で顕在化してきたことを指摘している。今回の調査結果で最も多かったのは、住民投票条例の制定を求める③の政策決定参加型のタイプであった。請求内容の多様な分布状況から判断して顕在化はおそらくこの順なのだろうが、しかし①、②のタイプの請求が過去のものになったわけでもなさそうに見える。その意味では、住民は時に必要に応じてタイプの異なる請求を使い分け、自治体にそれぞれの問題提起(住民の意思表示)を行っているようにも思える。福士明「4 直接請求による自治立法の可能性は」木佐茂男編『分権時代の自治体職員③ 自治立法の理論と手法』ぎょうせい、一九九八年、一二三―一三四頁。

(9) 自治立法研究会編『市民立法総覧』四〇頁、自治立法研究会編『分権時代の市民立法』三頁。この他条例の制定改廃請求を含んだ直接請求の件数とその内訳については、『住民投票条例集』東京都、平成八年、一九―二〇頁、を参照のこと。但し、この集計期間は、一九四七(昭和二二)年五月三日〜一九九二(平成四)年三月三一日。

(10) 自治立法研究会編『分権時代の市民立法』七三―七四頁。もっとも時期の区切り方一つで可決率は変動するので、この点は留意する必要がある。いずれにしても、直接請求の制度として可決率が二割未満という数字は低すぎるのではないかというのが筆者の見解である。極端な可決率の低さは、住民から直接請求を遠ざける結果にも繋がりかねないのではないか。

第三章

条例の制定改廃請求の制度的変遷

――導入から現在（二〇一八年三月）まで

1　空白の制度史

条例の制定改廃請求を含む直接請求制度に関しては、これまで地方自治制度史や戦後史とりわけ地方制度改革の検討の中で、制度導入の経緯やその後の改正などについて触れられてきた。[1] だが条例の制定改廃請求だけに焦点を絞った制度導入から現在までを対象とした制度史的検討となると、おおよそ筆者の管見する限りそれは見当たらないように思われる。

本章では、条例の制定改廃請求制度の創設から現在まで（表3―1）を振り返り、住民の請求を制約する要因はいつ作られたのか――それは創設当初からのものなのか、それとも制度改正の中で積み重ねられてきたものなのか――について明らかにする。[2]

2　直接請求制度の導入

わが国で条例の制定改廃請求を含む直接請求制度が導入されたのは、戦後間もなくのことであった。その特筆すべき点としては、まず何より①日本国憲法の制定に先がけた第一次地方制度改

表3-1　条例の制定改廃請求の主な制度的変遷

年	主な制度内容の変更事項
① 1946（昭和21）年	第一次地方制度改革（東京都制、府県制、市制、町村制の改正）の政府原案の提出（必要署名数：都2万人以上、道府県及び各市町村1/50以上〔道府県1万人、市1千人、町村100人が上限〕、長に修正権）。後に衆議院において上限の規定を撤廃
② 1947（昭和22）年	地方自治法制定。直接請求制度の一つとして条例制定・改廃請求の規定（「総数の50分の1以上の者の連署」、署名収集期間「都道府県2箇月以内、市町村1箇月以内（政令事項）」、長の修正権は採用せず。意見提出権のみ）
③ 1948（昭和23）年	地方自治法の一部改正（「地方税、分担金、使用料及び手数料の賦課徴収に関するもの」という規定を条文から削除）
④ 1950（昭和25）年	地方自治法の一部改正（署名の審査、効力の決定、署名簿の縦覧、争訟手続き、無効の署名、関係人の出頭証言、署名に関する罰則等を規定する法74条の2から4までを加える）
⑤ 1963（昭和38）年	地方自治法の一部改正（「地方税、分担金、使用料及び手数料の賦課徴収」の文言を「地方税の賦課徴収並びに分担金、使用料及び手数料の徴収」に変更）
⑥ 1969（昭和44）年	地方自治法の一部改正（国政選挙、地方選挙を問わず選挙が行われるときの署名活動を禁止する規定の付加〔現行法74条7項〕）
⑦ 1969（昭和44）年	地方自治法施行令の一部改正（点字による署名を認める）
⑧ 1994（平成6）年	地方自治法の一部改正（身体の故障又は文盲により署名することができない者に係る代筆署名の規定を設ける〔現行法74条8項及び9項〕）
⑨ 2002（平成14）年	地方自治法の一部改正（議会において直接請求による条例案の審議を行うにあたり、請求代表者に意見陳述の機会を与える規定を設ける〔現行法74条4項〕）
⑩ 2011（平成23）年	地方自治法の一部改正（請求代表者の資格制限規定〔現行法74条6項〕及び地位を利用して署名運動をした公務員等に対する罰則規定の創設〔現行法74条の4第5項〕）
⑪ 2013（平成25）年	地方自治法施行令等の一部を改正（請求者の署名収集委任届出書提出の廃止、指定都市における署名収集期間等の延長〔政令事項〕）

出典）　総務省地方行財政検討会議第一分科会第7回資料2（http://www.soumu.go.jp/main_content/000087295.pdf）の記述を基に、筆者が加筆修正の上作成。

革（＝改正）でその導入をみたこと、②また導入にあたっては、連合国軍総司令部（以下「総司令部」）の主導によるものではなく内務省官僚が主導したとされること、③さらに導入と同時にさほど現在と変わらないほどの制度的完成をみていたことなどが挙げられる。ここではこれらの諸点を中心に、その制度導入時の状況について振り返る。[3]

第一次地方制度改革（①[4]）

第一次地方制度改革とは、一九四六（昭和二一）年に行われた地方制度に関する抜本的改革のことである。具体的には、東京都制の一部を改正する法律、府県制の一部を改正する法律、市制の一部を改正する法律、町村制の一部を改正する法律からなる。それは日本国憲法制定に関する一連の論議を踏まえながら行われたもので、新憲法の精神を取り込み旧来の制度とはまったく方向を異にするものであった。しかし、どこまで民主的な改革を施すかについては、総司令部と内務省との間で激しい駆け引き（＝「対抗と同調」[5]）が行われた。第一次地方制度改革と新憲法制定までの動向は、表3―2に示す通りである。

この改革において最も焦点となったのは、「知事」に関する点であった。日本政府は、総司令部よりその選出方法を間接選挙から直接選挙に変更を余儀なくされた後も、「知事」の身分を官吏とすることにこだわった。新憲法制定後も旧来の地方制度（＝後見的国地方関係）を温存するためには、官吏としての身分を残すことが必要だったためである。

表 3-2　第一次地方制度改革と新憲法制定までの動向

年	月　日	主な事項
1946（昭和 21）年	2 月 13 日	GHQ から憲法改正草案（GHQ 草案）を手交
	3 月 6 日	政府は GHQ 草案に対する憲法改正草案要綱を発表
	4 月 17 日	政府は要綱を修正し、憲法改正草案を発表
	7 月 2 日	第 90 回帝国議会に第一次地方制度改革関連の改正法律案を提出
	8 月 31 日	衆議院本会議において修正可決
	9 月 20 日 27 日	貴族院本会議において衆議院の修正議決を可決 第一次地方制度改革関連の改正法公布
	10 月 5 日 7 日	第一次地方制度改革関連の改正法施行 帝国議会において、日本国憲法可決
	11 月 3 日	日本国憲法公布
	12 月 25 日	地方制度調査会答申
1947（昭和 22）年	4 月 17 日	地方自治法公布
	5 月 3 日	日本国憲法施行 地方自治法施行（第二次地方制度改革）

出典）筆者作成

しかし、結局それもかなうことなく、最終的には法案の附帯決議に「政府は都道府県の首長及びその部下をすべて公吏とする都制、府県制改正案及びこれに必要なる法律を急速に整備し、来るべき通常議会に提出すること」と明記され、第二次地方制度改革（日本国憲法・地方自治法施行）において「公吏」の身分となった⑹。

結論的には、第一次地方制度改革で直接請求制度は導入されたが、審議の過程で知事の解職や議会の解散請求が議論の対象になることはあっても、こと条例の制定改廃請求に関しては殆ど話題にはのぼらなかったのである⑺。

内務官僚による主導

この第一次地方制度改革そのものは、総司令部に非ず日本側の自主的決定により行われ[8]、また直接請求制度のような極めて民主的な制度も内務省が主導して作り上げたものとされる。旧来の後見的制度の墨守に努めてきた内務省が、このような戦前とは異なる開明的な制度の端緒を担ったというのは興味深い史実と言ってよいだろう。これらを具体的に主導したのは、内務官僚時代の鈴木俊一（元東京都知事）らであり、後年政治学者によるオーラルヒストリーの対象として、本人自身がその辺の事情を詳しく語っている[9]。

日本国憲法に先んじた理由――「明治の先例」の意味したもの

政府が、第一次地方制度改革を日本国憲法制定より急いだ理由として、「明治の先例に倣う」というものがあったとされる[10]。当時の内務大臣大村清一、郡祐一地方局長ら内務省当局の積極的改正論の背景にあったとされる考え方で、この点少し説明を付しておきたい[11]。

「明治の先例」というのは、時の内務大臣山縣有朋がアルバート・モッセの意見を取り入れ、明治憲法制定や国会開設よりも先に地方制度（市制町村制、府県制郡制）の整備を行ったことを意味する。山縣は地方制度の効果を次のように考えていた。佐久間彊のまとめるところに従えば、第一に国民をして行政参助の知識経験を得しめ、立憲政治の運用に資する点、第二に中央政局変動の影響が地方に波及するのを防止する点、の二点である。[12] これらは、そのまま明治憲法制定より先に地方制度を整備する理由として捉えてよいだろう。

こと第二の点は、第一次地方制度改革が日本国憲法より先んじた理由との関連で、特に重要な意味を持つ。高木鉦作はこの点について、明治政府が「地方制度を整備した重要な狙いの一つは、自由民権の流れを汲む政党を地方自治体に進出させない、要するに地方政治から政党を排除し、中央官僚が地方自治体を掌握できる制度に整備することであった。そうしないと、国家に進出してくる政党（＝反政府勢力）に対して明治政府は十分に対処できないと考えたからである[13]」と指摘する。端的に説明すれば、国会が開設され（一筋縄ではいかない）政党政治が動き出す前に、明治政府としては何としても自分たちの思い描く通りに地方制度を整備しておきたかったということに他ならない。

同様のことは、第二次大戦直後の政府にも言えたのであろう。この点を沢井勝は、「形式的には新憲法秩序を受け入れつつ、内容的にはだしぬいて行こうとしたための『自主的な決定』であり、だからこそ、憲法制定以前に急いで断行しなければならなかったのではなかろうか[14]」と述べているが、それは確かに的を射た指摘であると思われる。

条例の制定改廃請求の導入理由

このような事情から第一次地方制度改革が急がれ、また民主的制度の具体的「証拠」の一つとして直接請求制度は取り入れられたと考えられる。それではなぜ他の直接請求とは性格が異なる（端的には政策指向性の相違[15]）条例の制定改廃請求が、この時期一緒に導入されたのだろうか。その政府の理由の手掛かりは、国会答弁資料の中に見つけることができる。

すなわち、第一に、議員や首長が条例や規則の制定改廃に理解を有さず熱意を欠く場合には、住民が自ら条例や規則を発案する権利を認めることが、地方住民の自治に対する関心を高め自治の進展をもたらすと信じること、第二に、このような直接参政の途を拓くことが暴力による行動を抑止し、地方自治の健全な発達を促す所以であると考えること、第三に、これによって今後地方自治の上に住民の意思が強く反映することになり、議員や市町村長らが責任を自覚し行政運営が一部の者の利益によらず、広く一般の公共の福祉の増進のために行われるようになると思うこと、の三点がそこでは挙げられている[16]。

確かにこれらは、いずれも条例の制定改廃請求など直接請求の導入（＝民主的改革）を行うにあたっての真っ当な理由に見える（＝「公式見解」）。しかし、見てきたように新憲法制定後も旧制度を墨守したい政府の本音は、また別のところにあったというのが自然な理解というものだろう。

第一次地方制度改革を進める中で、内務省はＧＨＱと度重なる折衝を重ねていた。その過程で内務省は、最も保持すべき旧来の制度（＝「知事＝官吏」）を温存するためにも、新憲法の趣旨に沿った積極的と思わせる民主的制度を採用してみせる必要があった。相手の顔色を窺いながら「塩梅」のための「出し（＝取引のために生み出された民主的材料の一つ）」として、他の直接請求制度と併せて条例の制定改廃請求が採用されたとしても不思議ではないだろう。内務省としては何としても旧憲法下で地方制度改革をやり遂げ、日本国憲法制定後も旧制度の精神がそこここに生き永らえるように策を講じようとしたのではあるまいか。

しかし、その目論見も結果的には知事の直接公選制に加え、その「官吏」としての身分までも外さざるをえなくなり、それらはことごとく総司令部の前に潰えることになってしまったのであるが。

以上のことからも時の政府が「明治の先例」に倣い、第一次地方制度改革を先んじようとした理由は十分に理解しうるところである。

導入の理由の結論としては、他の直接請求と共に条例の制定改廃請求を加えたこと自体に特段大きな意味があるわけではなく、表向きの民主的改革の「証拠」の一つとして取り入れられたに過ぎないというのが、無理のない見立てではないかと筆者は推測する。

従って、内務省官僚が直接請求制度の導入を主導したことは事実だとしても、彼らの関心は「旧制度の持続」これ一点にのみあったのであり、特に民主主義の拡大・深化を意図して導入を図ったわけではないものと考えられる。

条例の制定改廃請求導入の主導者と自他共に認める鈴木俊一は、後年税等の賦課徴収を除外する法改正で政府答弁を行っているが、そこでの発言は住民自治への関心の希薄さを極めて如実に示している(17)。

第一次地方制度改革（特に条例の制定改廃請求）の内容

このような背景をもとに行われた第一次地方制度改革の内容について、条例の制定改廃請求を中心に見ておく。東京都制の一部を改正する法律他の計四つの法律の主な改正事項は、①公民及び名誉職制度の廃止、②地方議会議員の選挙権・被選挙権の拡張、③名誉選挙権の廃止と住所要件の例外規定、④条例規則制定の直接請求、⑤知事・市町村長・議員等解職の直接請求、⑥地方議会解散の直接請求、⑦監査の直接請求などについてであった[18]。直接請求制度に関するものは、このうちの④〜⑦だが、本稿の検討課題である④条例規則制定の直接請求に関するトピックとしては、次の二点が挙げられる。

一つは署名数に関してである。政府原案では、必要とする署名数は、都は二万人以上、府県区市町村は原則五〇分の一以上とし、その数が府県で一万、市及び東京都の区で一〇〇〇、町村で一〇〇を超えるときはそれぞれの数で可としていた[19]。政府はその根拠を、「……請求に必要な署名者の数は、住民に自由な意思を表明する機会を与える必要と余り少数では慎重を欠くおそれのあることを考慮して、通常の議案の発議に必要な三人の議員が実質上支持を受けている選挙人の数に相当するところに基準をおいた」という点に求めていた[20]。

必要とされる署名数が「議案の発議に必要な三人の議員が実質上支持を受けている選挙人の数」（傍点筆者）とする点は、いささか根拠に乏しい理由である。「議案の発議に必要な三人の議員」という点が改められている今日にあっても、この根拠を基にした制度が現在まで連綿と続いているのはおかしいと言わざるをえない（この点については、第四章第4節(1)で検討を加えている）。なおこの政府原案は審議の過程で修正が加えられ、必要とする署名数は、東京都も他の自治体と同様五〇分の一以上の署名数に改められ、また上限規定（道府県一万人、市一〇〇〇人、町村一〇〇人）は削除された。

二つめは、長が修正案を議会に提出する際には必ず原案を添付することになった点である。[21] 制度導入時には、長は住民から提出された条例案に修正案を加えることができたのである。結論としては、現在のものとほぼ同様の内容を持った制度が創設されたということができる。

3　制度導入直後の変動期

一九四七（昭和二二）年の地方自治法制定（2）

この年の五月三日、日本国憲法と地方自治法は同時に施行された。この地方自治法は、第一次地方制度改革において改正された東京都制の一部を改正する法律、府県制の一部を改正する法律、市制の一部を改正する法律、町村制の一部を改正する法律の内容に改正を加え、一つの法律にまとめたものである。当時の植原悦二郎内務大臣が法案の提案理由の中で述べているように、地方自治法は「憲法附属法典」とも言うべき性格を有していた。[22]

直接請求制度に関しては、第一次地方制度改革における内容の殆どを取り入れている。なお条例の制定改廃請求に関する改正の諸点は、総司令部の意向を受けて一二条、七四条一項の条文中に見られた「条例又は規則の制定」という文言を、「条例の制定又は改廃」と改め、また「規則」という文言を除いた点と、長の原案修正権を認めなかった点などである。前者は「改廃」の意味をはっきりさせるためと、「規則」は長が制定することからそれを削除したものである[23]。

既にこの時点で署名数要件は、「その総数の五十分の一以上の者の連署」（七十四条一項）と規定され、また新たに施行された地方自治法施行令でも、署名収集の期間は都道府県二箇月以内、市町村一箇月以内（九十二条＝当時）と現行制度とほぼ同様（但し、二〇一三〔平成二五〕年指定都市については、「二箇月以内」に改正〔後述〕）の規定を見つけることができる。

一九四八（昭和二三）年の地方自治法の一部改正（③）

条例の制定改廃請求の制度史上最も悪しき改正と言われるものが、導入後間もないこの年に行われた。具体的には、導入時には制限を設けていなかった請求事項について、この改正で地方税、分担金、使用料及び手数料の賦課徴収をその対象から除いたのである[24]。

この改正理由には、安易な税等の負担軽減を目的とした請求が濫用され自治体財政を脅かす点にあったとされる。しかし、住民の請求対象の範囲を狭める制度的欠陥として改正当初から今日に至るまで多くの批判を浴びてきた改正点でもあった[25]。

一九五〇（昭和二五）年の地方自治法の一部改正（④）

この年直接請求制度の諸点について、比較的大きな改正が行われた。条例の制定改廃請求に関わる点としては、①署名の審査・効力の決定、署名簿の縦覧、②署名に関する争訟手続、③無効の署名と関係人の出頭証言、④違法な署名に関する罰則等の規定などに関してである（七四条の二〜四）。これらは、それまで直接請求の手続きに関し特段の規定がなされておらず、署名の際に不正な行為が見られたことを理由に、その防止・是正の観点から制度の整備が行われたとされる。[26]

しかし、罰則を設けるこの改正については、「住民の直接請求に対するチリング・エフェクト（萎縮効果）を結果するもの」（浜川清[27]）という指摘や、「（当時の制度の濫用の＝筆者補足）原因は制度をいかしきれなかった政治土壌の古さ、住民意識の低さに求めるべきであって、制度そのものの手続の厳格さとか、制度への警戒を強めることは、本末転倒であり、的外れといえる」（高寄昇三[28]）という手厳しい批判もなされている。

署名の適正化を図るという意味で、手続を定めるこの条項のすべてが不必要とは思わないが、このような規定があるばかりに住民の直接請求活動に実際に支障（過度の萎縮）をきたしているのであれば、定める内容を緩和するなど柔軟な対応がとられるべきである。

4　安定期の中での制度改正

この期においては、さほど大きな制度改正は行われていない。その意味では制度的に安定している時期とも言えるが、その中でのいくつか諸点の改正事項を留めておく。

一九六三（昭和三八）年の地方自治法の一部改正（⑤）

この改正では、財務会計制度の改正に伴い、条文中の字句の修正を行った。具体的には、従前「地方税、分担金、使用料及び手数料の賦課徴収」とあった一文を、「地方税の賦課徴収並びに分担金、使用料及び手数料の徴収」に改めた（七四条一項）。これは、「賦課徴収」を地方税だけに係るようにし、用語の使い方を明確化するという趣旨であった。[29]

一九六九（昭和四四）年の地方自治法の一部改正（⑥）

この改正によって、地方公共団体の区域内で衆・参議院議員の選挙、地方議会の議員、長の選挙が行われる時には、その間直接請求のための署名を求めることができないものとした（七四条七項）。

立法担当者によれば、本来の制度趣旨からはずれ選挙にある種の影響を与えるべく行われたと疑念を抱かせる請求が少なくない現状を鑑み、選挙と直接請求の両者の運動の時期的重複を避けるために改正が行われたとされる[30]。すなわち改正理由は、単に事務手続き上の煩雑さ——選挙事務と直接請求の事務——によるものではなく、まさにある種の影響を与えるべく行われる直接請求を問題にしているということになる。

だが、果たしてこのような考え方は妥当なのだろうか。法的に許されたあらゆる制度を使いこなし、選挙に影響をもたらそうとする行為は、たとえそれが本来の制度趣旨から外れたものであろうと、政治参加の活性化、民主主義の拡大に資するものである限り特段問題視し制限を加える必要はないのではないかとも思われる。その意味において、この改正により署名収集の期間に制限が加えられたことは、直接請求に一つの制約を課したと見做さざるをえない。

一九六九（昭和四四）年の地方自治法施行令の一部改正 ⑦

一九六九（昭和四四）年にはまた、地方自治法施行令だが、直接請求を拡大する比較的重要な改正が行われている。この改正では、地方自治法施行令九二条一項中の「署名し」という文言を、「署名（盲人が公職選挙法施行令〔昭和二五年政令八九条〕別表第一に定める点字で自己の氏名を記載することを含む。以下同じ。）をし」に改めた。

公職選挙法に基づく選挙の際には点字投票が認められてきたが、筆跡判定の不可能な点字署名は本人の署名かどうかの確認が困難であるとの理由で、これまで直接請求では認められてこなかった。この改正で点字署名が認められるようになったものである。[31]

5　平成以後の制度改正

一九六九（昭和四四）年の改正以降、二五年近くもの間目立った制度改正は行われてこなかったが、平成の時代に入っていくつかの改正が行われた。

一九九四（平成六）年の地方自治法の一部改正（8）

これまで直接請求の請求者名簿への署名は自署に限定されてきたが、この改正により心身の故障等により自署できない選挙権を有する者にも代筆での署名が認められることになった（七四条八項及び九項、それに関する罰則規定は、七四条の四第三項及び四項＝現行）。代筆署名の具体的な方法は、その者の属する市町村の選挙権を有する者に委任し、自己の氏名を直接請求の署名簿に記載させるというものであった。[32]

二〇〇二（平成一四）年の地方自治法の一部改正（⑨）

この改正により、条例の制定改廃請求により付議された事件の審議を行うにあたっては、議会はその請求代表者に意見を述べる機会を与えなければならなくなった（七四条四項）。

これまで首長は議会に意見を付けて条例案を付議してきたが、他方請求代表者は議会に直接意見を述べる機会がまったく与えられてこなかった。この点を受けた対応であり、立法担当者によれば、「住民が自らその請求の趣旨や内容を議会で説明する機会を設けることにより、議会における審議の充実を図るという観点」に基づくものとされる。[33]

長の意見とバランスをとるという点で、また議会の実質的審議に効果が期待されるという点で請求者側に配慮した改正が行われたものである。

二〇一一（平成二三）年の地方自治法の一部改正（⑩）

この改正では、直接請求における請求代表者の資格制限の創設と署名に関する罰則の規定が加えられた。これは高知県東洋町における町議会議員の解職請求をめぐる事件の最高裁判決を受けたものである。具体的には、選挙管理委員会の委員・職員等は条例の制定改廃請求を含め直接請求の請求代表者になれないこと、その他選挙人名簿に表示されている者で選挙権の停止・失権、転出者、選挙人名簿から抹消された者（死亡、国籍喪失等）も請求代表者になれないことを明確にし（七四条六項）、また公務員等の地位を利用した署名運動への罰則措置などを設けた（七四条の四第五項[34]）。

二〇一三（平成二五）年の地方自治法施行令の一部改正（⑪）

地方自治法施行令の改正ではあるが、近年にない変更点と思われるのでここに留めておく。

これまで直接請求制度全般において署名収集期間は、都道府県においては二か月以内、市町村においては一か月以内と定められてきた（旧地方自治法施行令九二条四項）。この点に関して、二〇一三（平成二五）年三月の地方自治法施行令の一部改正により、指定都市の署名収集期間が都道府県並みに延長された（施行令九二条三項）。

これは、署名収集期間を都道府県と市町村というカテゴリーで区分してきたことが、現状に適していないことへの一つの対応と言えよう。地方自治体の種類によらず人口比に応じた収集期間が望まれるとともに、この点については、さらに性格の異なる直接請求のすべてが同じ収集期間であることや、連署の要件のあり方などを含め全般的に問題を含んでいる点をここでは指摘しておく[35]。

加えてこの施行令の改正において、条例制定又は改廃請求のための署名収集委任届出書の調製は削除（廃止）されている。

6　小括

以上、条例の制定改廃請求について、その制度の成り立ちとその後の変遷を振り返ってきた。見てきたように制度としての基本的内容は、既に導入時にほぼ完成していることが確認された。[36]また導入後の主な制度改正は（施行令を含むか否かによっても変わってくるが）おおよそ一〇回程度を数えるが、その大半は直接請求制度全般に向けて行われたもので、こと条例の制定改廃請求だけを対象にしたものは少ないことなども明らかになった。

結論として現時点において、制度改正の変遷をいかに評価できるだろうか。果たして住民自治の拡大・深化の方向に進展しているのか、それともそれを抑制する方向に逆行しつつあると判断しうるのか。もしくは、そのどちらとも判断しがたいのか。

この点に関して、金井利之は概略的にその変遷を辿る中で、一九四八（昭和二三）年の税条例等の請求対象からの除外、一九六九（昭和四四）年の選挙時の署名活動の禁止、二〇一一（平成二三）年の請求代表者の資格制限や地位を利用して署名運動を行った公務員等への罰則規定などの例をもって、基本的には直接請求を制限する方向での動きが強いと評している。[37]

確かにそれらは新たに直接請求を制約しかねない改正であった。そこにだけ目を向けるならば、明らかに住民自治の制度としてはかつてより後退しており、その意味では「改悪」されてきたと見做すことができるだろう。

このような否定的な評価が可能な一方で、しかしながら他方では、一九六九（昭和四四）年の点字署名を可能とした点、一九九四（平成六）年の障がいを有する人の代筆署名を可能とした点、二〇〇二（平成一四）年の議会における条例案審議の際の請求代表者の意見陳述、そして、二〇一三（平成二五）年の政令指定都市における署名収集期間の緩和など、住民自治の拡大に繋がる改正もまた近年まで断続的に行われてきているのも認めなければならない事実としてある。

金井は、一九九四（平成六）年や二〇〇二（平成一四）年に住民自治の拡充に沿った積極的な改正が行われた点を例に（因みに、この時期は第一次地方分権改革の時期にあたる）、「直接請求という住民自治も、国自治体間の分権改革という団体自治の進展する時期にのみ、進むようである」[38]と述べているが、表3―1を見ても明らかなように、必ずしもそうとは受け止められない展開も見られる。制度は前進と後退を脈絡なく繰り返しており、その点からは時代状況にだけ沿った特段の一貫性を見出すのは困難である。

以上のことからも、なおその制度史上の評価を判断するのは困難と言わざるをえない[39]。いずれにしても住民自治を具体化する重要な制度ではあるが、なお改善すべき課題が山積していることだけは確かである。

註

（1）　さしあたり、この分野の代表的な文献をいくつか紹介しておく。地方自治制度の通史としては、杉村章三郎『地方自治制綱要 三訂版』弘文堂、一九五四年、佐久間彊『地方自治制度講義』良書普及会、一九六六年、橋本勇『地方自治のあゆみ』良書普及会、一九九五年など。また戦後直後の地方制度改革に関しては、天川晃「第六章 地方自治制度の改革」東京大学社会科学研究所戦後改革研究会編『戦後改革3 政治過程』東京大学出版会、一九七四年、同「第一部 地方自治」天川晃・小田中聰樹『シリーズ日本国憲法・検証一九四五―二〇〇〇 資料と論点 第六巻 地方自治・司法改革』小学館、二〇〇一年、同『天川晃最終講義 戦後自治制度の形成』左右社、二〇一七年など。

なお制度史の検討にあたり注意しなければいけないのは、入手資料の偏りという点である。本章の一部は戦後地方制度改革の検討と重なり合う部分があるが、この時期のこのような分野の検討は、多く旧内務省（及びその関係者）の資料（及びそれらを利用した論稿等）によらざるをえないという研究上の制約を持っている。入手可能な資料が現状ではそれしかないためだが、その点で「内務省関係資料」というフィルターを通した制度の一面史に過ぎないという批判は、甘んじて受けなくてはならないだろう。この点に関する有益な指摘として以下を参照。小倉裕児「敗戦直後の地方制度改革の動向――知事公選制採用の背景――」『一橋論叢』一〇八巻二号、一九九二年、二五八―二五九頁。

（2）　条例の制定改廃請求の制度的変遷に関する記述は、以下の文献を参照した。総務省地方行財政検討会議第一分科会第七回「資料2 条例制定・改廃に関する直接請求制度について」(http://www.soumu.go.jp/main_content/000087295.pdf)、自治大学校編『戦後自治

史Ⅱ（昭和二十一年の地方制度の改正）』自治大学校、一九六一年、小西敦『地方自治法改正史』信山社、二〇一四年、松本英昭『新版　逐条地方自治法　第9次改訂版』学陽書房、二〇一七年、松藤保孝「第五期戦後地方自治制度の創設期（一九四六―一九五一年）」『我が国の地方自治の成立・発展』自治体国際化協会・政策研究大学院大学比較地方自治研究センター、二〇一〇年（http://www3.grips.ac.jp/˜coslog/activity/01/05/file/Seiritsu-5_jp.pdf）など。

なお本章で記した条例の制定改廃請求関連の条項は、現在までのその内容の積み重ねを把握するという観点から、特に断り書きのない限り本書執筆時（二〇一九〔平成三一〕年一月）における現行のものを付してある（従って、地方自治法の個々の改正が行われた施行当時の条項とは異なっている場合があることに留意する必要がある）。

（3）　制度導入時の記述にあたって、特に参照した文献を挙げておく。沢井勝「直接請求制度導入の経過と問題」『討議資料　一九七八年八月コンメンタール直接請求』地方自治総合研究所、一九七八年、松野光伸「現行直接請求制度の制定過程」『島大法学』二四巻二・三号、一九八一年、現代地方自治全集編集委員会編『現代地方自治全集25　地方自治総合年表』ぎょうせい、一九七九年、小西敦『地方自治法改正史』、橋本勇『地方自治のあゆみ』、佐久間彊『地方自治制度講義』など。この他次のウェブサイトも活用した。国立国会図書館「日本法令索引」（http://hourei.ndl.go.jp/SearchSys/index.jsp）、国立公文書館「デジタルアーカイブ」（https://www.digital.archives.go.jp/）、国立印刷局「インターネット版官報」（https://kanpou.npb.go.jp/）。

（4）　この丸数字は、表3―1との対応を分かりやすく示すために付したものである。以下同様。

(5) 天川晃「第六章 地方自治制度の改革」二八四頁。そこでは、「内務省と民政局との間にみられるこうした対抗と同調とが、占領下の地方自治制度の改革を議会における修正というかたちで行うことを可能とし、またより徹底した『下から』の改革を不可能とする一つの要因であったといえるであろう」と述べられている(同、二八四—二八五頁)。

(6) 内務省編『改正地方制度資料 第一部』一九四七年、七二五頁。なお附帯決議の一文は旧字体を新字体に直した。その検討としては、高木鉦作「知事公選制と中央統制」渓内謙・阿利莫二・井出嘉憲・西尾勝編『現代行政と官僚制 下』東京大学出版会、一九七四年、小倉裕児「敗戦直後の地方制度改革の動向」及び天川晃「第六章 地方自治制度の改革」二六八頁以下、など。

(7) 松野光伸「現行直接請求制度の制定過程」九七—一〇一頁、沢井勝「直接請求制度導入の経過と問題」七七—七八頁、八四—八八頁。

(8) 内政史研究会『内政史研究資料 第二一三集 鈴木俊一氏談話速記録第五回 昭和五〇年一二月二四日』一九七五年、六六頁。

(9) 内政史研究会、前掲、二八—二九頁。また鈴木俊一『回想・地方自治五十年』ぎょうせい、一九九七年、二四—二五頁も参照。鈴木及び内務省主導に関する言及は、水飼幸之助「終戦直後の第一次地方制度改革——改正法律の立法過程をめぐって——」『法学論集』九号、一九七二年、一八五頁、沢井勝「直接請求制度導入の経過と問題」八〇—八三頁、松野光伸「現行直接請求制度の制定過程」九三頁、及び平松弘光「分権時代の自治体法務 分権時代の市民立法——条例制定・改廃の直接請求——」『リポート21』二〇〇〇年度、二〇〇〇年、一八―二〇頁など。

(10) この「明治の先例に倣う」という経緯を最初に筆者が知ったのは、平松弘光の論稿による。平松弘光「分権時代の自治体法務 分権時代の市民立法」二〇―二一頁。

(11) 自治大学校編『戦後自治史Ⅱ』三七頁。

(12) 佐久間彊『地方自治制度講義』二〇―二一頁。山縣の原文は次の通りである。

「……自治制ノ効果ハ、啻ニ民衆ヲシテ其ノ公共心ヲ啓暢セシメ、併セテ行政参助ノ智識經驗ヲ得シムルカ爲メ、立憲政治ノ運用ニ資スル所至大ナリトイフニ止マラス、中央政局異動ノ餘響ヲシテ、地方行政ニ波及セサラシムルノ利益、亦決シテ鮮尠ナラスト爲ス。(以下略)」(公爵山縣有朋談「徵兵制度及自治制度確立ノ沿革」『國家學會創立滿三十年記念明治憲政經濟史論』國家學會、発売有斐閣、一九一九年)

併せて、山縣らの地方制度確立に関する動向については、竹下譲『地方自治制度の歴史――明治の激論 官治か自治か――』イマジン出版、二〇一八年、第八章、を参照。

(13) 高木鉦作「第一章 住民の権利と自治体の責任」高木鉦作編『住民自治の権利』法律文化社、一九七三年、九頁。

(14) 沢井勝「直接請求制度導入の経過と問題」七九頁。松野光伸もまた、以下の通り同様の趣旨のことを述べている。

「……知事の直接公選制が新憲法草案に明記され、その実施が不可避となった段階で、内務省は従来からの主張である知事の間接選挙制の採用を断念し、知事直接公選制の枠組の中で従来の知事権限を維持する方向へと対応の転換を迫られた。その方向を保障するものと内務省が考えたのが、公選知事の身分を官吏とすることであり、そのためには、明治憲法が適用される間に地方制度を改正して公選知事＝官吏という既定事実を作り上げておく必要がある。そうしておけば、状況によっては新憲法制定後も公選知事＝官吏という規定が継続する可能性があるとの判断から、内務省は、新憲法の趣旨を具体化する内容での改正という触れ込みで、第一次地方制度改正を新憲法制定前に急いで実施しようとしたのだとされている。」（傍点は筆者による。なおこの引用箇所は、松野光伸が高木鉦作、赤木須留喜らの知見を踏まえて述べたものである。ここでは煩雑さを避けるために、彼らを出典として挙げている箇所の註は省いて引用した。松野が参照した高木、赤木の文献はそれぞれ次の通り。高木鉦作「知事公選制と中央統制」渓内謙他編『現代行政と官僚制 下』東京大学出版会、一九七四年、二六五―二七〇頁、赤木須留喜『行政責任の研究』岩波書店、一九七八年、五四―五七頁）。松野光伸「現行直接請求制度の制定過程」九五頁。

　また松野以前にも水飼幸之助も、「……かような過程から判断されることは、第一次地方制度改革案は、もともと、明治憲法下での改革として、終戦後の事態についての焦眉の急に応ずるという態度を打ち出して立案されたのであるが、実は、官僚制的中央集権体制を新憲法施行後の地方制度においても温存しようとする意図をもってつくられたものであったといえる」と同様の指摘を行っている。水飼幸之助「終戦直後の第一次地方制度改革」一九八頁。

　これらの指摘からも、当時の内務省の思惑がこのような点にあったことは、ほぼ間違いないと見てよいだろう。

(15)　第一章でも述べたように、他の直接請求は、過去の行為に対する住民の判断という事後的指向（＝監視機能）を有しているのに対し、条例の制定改廃請求は住民が将来的な政策案を発案するという事前的（＝未来）指向を有しているという点である。

(16)「九、其の他の參考資料（ロ）地方制度改正關係答辯資料」内務省編『改正地方制度資料 第一部』一二〇〇—一二〇一頁。併せて、内務省当局者による解説として、自治研究會『新地方制度の解説』ニュース社、一九四六年、六〇頁も参照のこと。

(17) 地方自治庁編『改正地方制度資料 第五部』一九五一年、四九—五一頁。なおこれは、自治大学校編『戦後自治史Ⅶ（昭和二二・三年の地方自治法改正）』一九六五年、二五七—二六〇頁でも読むことができる。後述一九四八（昭和二三）年の地方自治法の一部改正③も参照。

(18) 自治大学校編『戦後自治史Ⅱ』九七—一一七頁。

(19) 自治大学校編、前掲、一〇六—一〇七頁。

(20) 自治大学校編、前掲、一〇七頁。但し、この鍵括弧内の文言は自治大学校編で要約されたもので、実際の政府の答弁資料には次のように記されている。

「(一)……最終的な決定は、都府縣會、市町村會に一任せられ、何らその議決を拘束する所がないので、請求に必要な選擧人の數は餘り多くを要求せず、努めて自由な意思を表明する機會を多く與へることが適當である。

(二) さりとて、餘り少數にすると發案に愼重を缺き適當でない。議員の發案は、議員三人あればなすことが出來るから、議員三人が實質上支持を受けてゐる選擧人の數と概ね同數の選擧人の連署があれば發案を爲し得ることとするのが相當である。(略)

(三)(略)

(四) 以上の理由によつて、都は二萬としたが道府縣市町村については、有權者の五十分の一としたのである。而してこの五十分の一の數が餘りに多いときは以上の趣旨に反することになるので最高限を押へ、道府縣は一萬、市は千、町村は百としたのである。例へば人口五萬の市で有權者二萬五千とすればその五十分の一で五百である。而して右の數は名簿の確定後直に都長官、市町村長等が告示することになつてゐる。

（「九、其の他の參考資料（ロ）地方制度改正關係答辯資料」内務省編『改正地方制度資料 第一部』一二九一―一二九二頁）

(21) 自治大学校編『戦後自治史Ⅱ』一〇七頁。なお、この点の衆議院修正要綱の原文は次の通り。

「三、條例又は規則の制定請求の際首長が原案の趣旨に反しない範囲内でこれを修正した場合には、原案を添へて議會に付議しなければならないものとすること」（内務省編『改正地方制度資料 第一部』七二二頁）。

(22) 植原内務大臣による地方自治法の提案理由には、次のようなくだりがある。

「……地方自治に関する事項は、その基礎を直接憲法にもっているのであります。地方自治に関する法律は、憲法附属の法典と申すべきものでありますから、日本国憲法の規定及び精神に即応した地方自治法を制定し、憲法と同時にこれを施行し、地方行政の民主化をさらに徹底し、もって国政民主化の基底を培うことが、特に必要であると考えられたのであります。（以下略）」（内務省編『改正地方制度資料 第二部』一九四七年、六四頁）。及び、橋本勇『地方自治のあゆみ』一六〇―一六二頁も参照のこと。なお傍点は筆者による。

(23) 自治大学校編『戦後自治史Ⅴ（地方自治法の制定）』一九六三年、一五八―一六〇頁。なお条文中の「制定又は改廃」に改める理由は、当時の鈴木俊一行政課長の説明による

（内務省編『改正地方制度資料　第二部』二〇三頁）。

(24)　この改正に至る過程では、この他「地方公共の秩序の維持、住民及び滞在者の安全、健康及び福祉の保持に関する条例」もその請求対象から外す方向で審議が進んでいたが、最終的には総司令部の命令で税等の賦課徴収のみを除外することになった。自治大学校編『戦後自治史Ⅶ』二五五—二五六頁。

(25)　地方税、分担金、使用料及び手数料の賦課徴収を請求対象から除いた点に関しては、本書第四章第2節において詳しく検討している。

(26)　立法担当者は改正の趣旨を述べる中で、当時の状況を、「……選挙人の署名の代筆、偽筆等が、ともすれば行われ勝ち（ママ）であり、また、選挙人を欺罔して署名を求める等の事例も少なからず存在し、常に紛議の的となつていた実情にあつた。選挙管理委員会が署名を審査する場合でも、これがため非常に困難を感じていたのである。（以下略）」と記している。高辻正巳「地方自治法の改正について」『自治研究』二六巻六号、一九五〇年、四頁。またこの論説の三—七頁、及び降矢敬義「地方自治法の一部改正法律の解説」『自治公論』一七巻七号、一九五〇年、一一—一二頁も参照。

(27)　浜川清「直接請求による条例制定」佐藤竺編『条例の制定過程』学陽書房、一九七八年、二五四頁。

(28)　高寄昇三『住民投票と市民参加』勁草書房、一九八〇年、二七五頁。高寄もまた浜川の指摘する部分を引用し批判を展開する。同、二七四頁及び二七三—二七七頁を参照。比較的近年でも同様の意見として、金井利之は、「手続を明確にする技術的な改正とも言えるが、署名収集のハードルを官僚制的に高めたともいえる」と述べている。金井利之「（第二編）第一章 直接請求制度」『市区町村における住民参加方策に関する調査研究』財団法人地方自治研究機構、二〇一三年、九〇頁。
（29）総務省地方行財政検討会議第一分科会第七回「資料2」（http://www.soumu.go.jp/main_content/000087295.pdf）。及び森繁一他「地方自治法の一部改正の概説」『時の法令』四七一号、一九六三年、二―五頁も参照のこと。
（30）河合代悟「都議会定数の特例と直接請求制度の合理化」『時の法令』六八〇号、一九六九年、二八―三〇頁。
（31）河合、前掲、三〇頁。
（32）江畑賢治「中核市制度と広域連合制度の創設等」『時の法令』一四九八号、一九九五年、一七頁。
（33）佐々木浩・島崎邦彦「地方自治法等の一部を改正する法律の概要（市町村合併特例法関係を除く）について」『地方自治』六五四号、二〇〇二年、二七頁。
（34）新田一郎「地域主権改革関連三法③ 地方自治法の一部改正」『時の法令』一八九一号、二〇一一年、四八―五二頁、及び工藤学「地方自治法の一部を改正する法律」『法令解説資料総覧』三六〇号、二〇一一年、一七―二五頁。
（35）この点については、第四章4⑵で詳しく検討している。
（36）沢井勝「直接請求制度導入の経過と問題」七三頁、松野光伸「現行直接請求制度の制定過程」九〇頁。
（37）金井利之「第一章 直接請求制度」九〇頁。
（38）金井、同前。

(39) 主な課題については次章で具体的に取り上げ、詳しく検討を施している。

第四章

制度上の制約要因の検討

1 主な制約要因（＝欠陥）

第二章の実証的分析を通じて、直接請求に係る運動は活発に行われているにもかかわらず条例制定に至るケースが非常に少ないこと、すなわち住民による条例制定がいかに困難であるかが理解されたはずである。恒常的に低い制定率は、住民の政策形成に対する参加意欲をそぎ、住民参加に対する積極的な誘因を弱体化させる一因になりかねない。そこで本章では、かねて制度の仕組みに存在していると筆者が見做している請求の制約要因を考察する。制約要因とは、本来機能すべきことを予定しているはずなのに機能しえていない制度上の不具合（＝欠陥）のことに他ならない。主な制約要因を剔出し検討することにより、終章で検討する制度改革の方途のための手掛かりを得ることが本章の目的である。

図4―1は条例の制定改廃の請求過程を図示したものだが、筆者が見るところ主な制約要因は番号を付した灰色の箇所で生起している。具体的には、①では請求事項、②では受任者選任、③では署名収集、④では首長の意見書、⑤では議会議決、のそれぞれに関して住民側からの請求を制約する要因が存在する。加えて住民投票条例などの場合には、制約する箇所は⑤で終わることなく、⑥投票の実施過程（先の沖縄県における県民投票条例の場合では、条例案の可決後も県下の複

図 4-1　条例の制定または改廃請求のプロセスと主な制約要因

（灰色部分が制約の箇所）

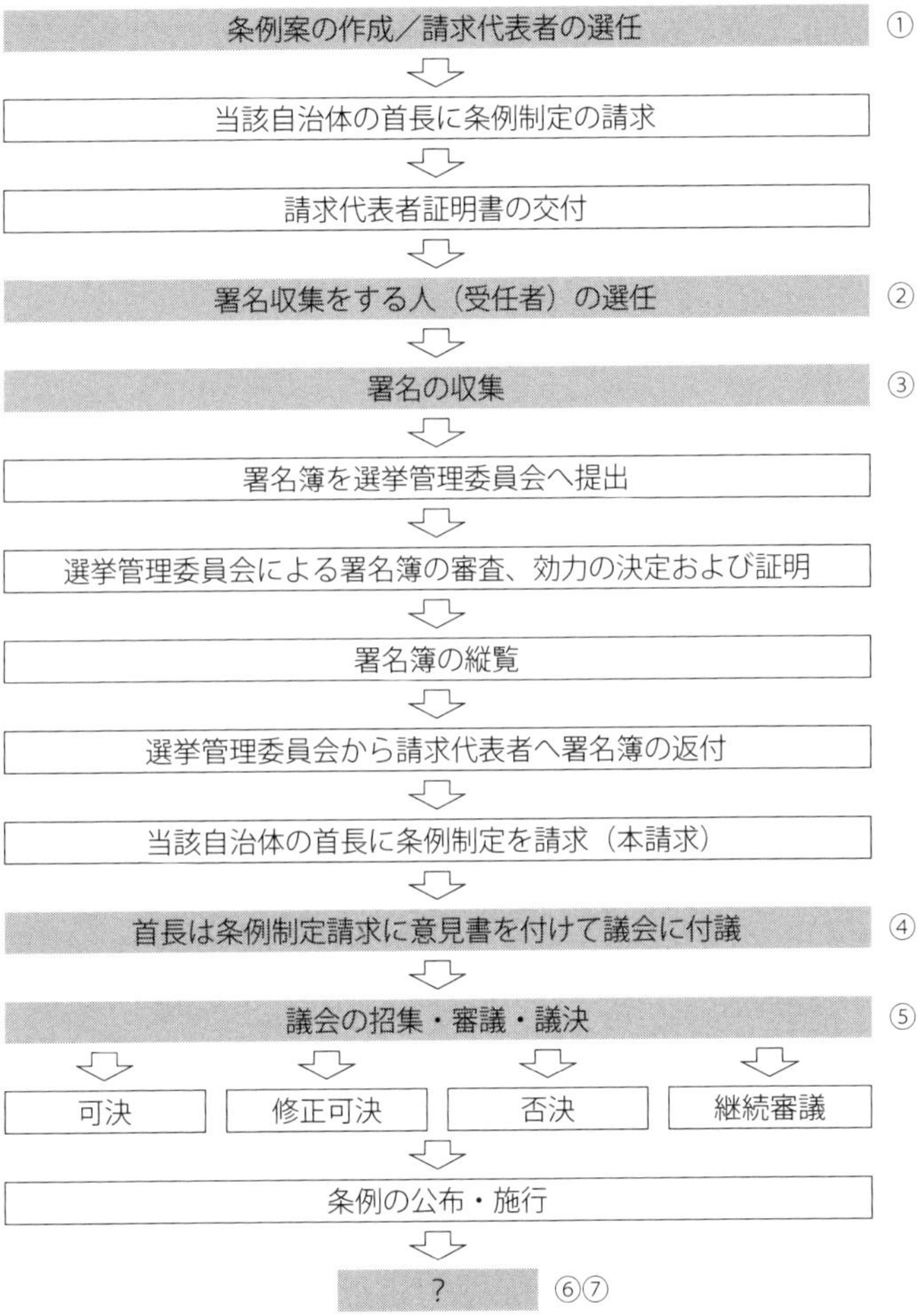

出典）　岡田知弘・自治体問題研究所編『住民投票の手引――市町村合併は住民の意思で――』自治体研究社、2004 年、40-41 頁の「住民投票条例の制定を求める直接請求の手続」を参考に、筆者が大幅に加筆修正を加えて作成した。

数の基礎自治体が投票事務を協力するか否かで揉め、結局当初予定されていなかった第三の選択肢を加えることで全自治体での投票実施が可能になった経緯がある）、⑦投票結果の遵守という点に至るまでさらなる関門が待ち受けている。

以上のことからも住民発意による政策が実現するまでには、気の遠くなるような道のりを経なければならないことが分かるだろう。

2　要因①　請求事項に関する制約

第一章第1節でも触れたように条例の制定改廃の請求事項については、当該自治体の公共問題に関することすべてが請求可能なわけではない。地方税の賦課徴収並びに分担金、使用料及び手数料の徴収に関するものは、請求事項から除外されている。地方税・分担金等の負担は地方自治制度の根幹をなすものの一つであり、それに関する請求を除外することは住民自治の観点からみて極めて問題があると言わねばならない。

除外の経緯

制度発足当初にはまったく制限が付いていなかった請求事項に関しては、一九四八（昭和二三）

年の地方自治法の一部改正において地方税・分担金等の徴収に関する事項をその対象から外して以来、今日までこの制限は緩められることなく続いてきている（第三章第3節参照）。

条例の制定改廃請求の制度化後ほどなく地方税・分担金等の徴収が請求対象から除外された理由には、住民による地方税の不当な減税等の請求――例えば、電気ガス税の廃止など地方税等の賦課徴収条例の改廃請求――が行われ、地方自治体の財政的基礎を脅かすおそれが出てきたことにあるとされる(1)。例えば行政法の大家として名高い田中二郎なども同時期の論稿において、「実際には、多くの選挙権者が問題になっている税が真の悪税かどうかをわきまえず、ただ税の軽からんことのみを求めて、地方住民としての合理的な負担の必要を考えず、無反省に地方税制廃止の請求に付和雷同し、直接請求の制度を濫用している嫌がないではなかった（従って、この請求は殆ど全部議会で否決された）。その結果、最近の改正（昭和二三法一七九）によって、地方税・分担金・使用料及び手数料の賦課徴収に関する条例の制定又は改廃については、直接請求が認められないことになった。これは、無反省な直接請求の濫用に対する反撃に外ならない(2)」と述べている。このことからも、この改正は官僚のみならず識者の間でも当時から一定程度受け入れられていたものと思われる。

この地方税・分担金等に関する請求が直接請求の請求事項として馴染むか馴染まないかという地方自治の本質に関わる問題とは逸れた政府側の理由というのもまた明らかになっている。その意図するところをまとめるとおおよそ次の通りである。すなわち地方税・負担金等の軽減を目的とする請求は、自らの懐（＝税負担）を軽くするものであるが故に住民にとっては一見好ましく映る。従って署名を集めることはクリアできる。しかしながら議会としては財政上必要な額の税収を減額させるような議決を行うことは到底ありえない。政府としては、このように否決されることが必定の請求に経費が費やされることへの強い疑念があったというものである[3]。

この点について橋本勇は、議会で否決されることが分かっている請求に時間と金をかけるのは無駄という考え方に疑問を呈した上で、「税の減免の請求に対して誠実に検討することが効率的な行政運営を考え、事務事業の選択に真剣に取り組むことになり、納税者意識を高めることに繋がるのではなかろうか[4]」と述べているが、筆者もこの点まったく同感である。

除外に対する批判

先の論稿からみて田中二郎は、地方税・分担金等を請求事項から外すことに肯定的であったと判断してよいだろう。しかしながらこの点に関しては、古くから多数の批判を浴びてきたところでもあった。それはおよそ二つの点から行われてきた。一つは住民の「愚民観[5]」に対する批判からと、今ひとつは地方税・分担金等の徴収に関する請求が、本当に軽減の方向にだけ向かうのかという疑問からである。

第一の点に関しては、例えば田中の論稿と同時期にやはり憲法学・行政法学の泰斗であった鵜飼信成は、「……ここで、一般的に、直接請求は個人的な判断によって動かされ、議会は大局的見地より判断を下すものと断定し、そこから直接請求の限定を理由づけることは正当でない。（中略）少なくとも財政法についても住民発案を許すと共に、それが議会で否決された場合には当然住民投票が行われるものとする方が妥当ではないか、という疑問を全く消すことはできないのである[6]」とほぼ相反する所論を展開していた。

この住民は一時の感情で易きに流れ、他方議会は冷静かつ大局的に物事を判断できるといった経験的裏付けに乏しい一面的な理解への批判は、後々多くの論者によって繰り返し行われるに至る。特に直接請求の濫用という点に対し過剰反撃であるとの指摘は根強いものがあった[7]。

もし仮に田中が言うように、住民が場当たり的な誤った請求を行っていたにしても、それをもって請求事項から除外する妥当な理由にはならないのではないか。そもそも住民は最終的な決定権を有しておらず、議会が否決すれば危惧するような結果にはなりえないわけだし、それほど過敏になる必要はないはずである。この点先述の橋本はまた、当時の社会情勢を汲んで政府による請求事項からの除外に一定の理解を示しつつも、「住民意識の向上、住民参加の実を上げるということからすれば、この改正には大きな問題があると言わざるを得ない。行政サービスに対する対価としての税等の負担をどうするかが民主主義の原点であり、負担の問題を抜きにした住民参政の制度は、最も重要な部分が欠けているということができよう[8]」とも述べている。民主主義（国民主権、住民自治）の本質に関わる点から問題視するこの引用部分に関しては、至極妥当な指摘と言えるだろう。

第二の点は、第一の「愚民観」を基に出てくる議論である。つまり大局的観点に立てないからこそ住民は安易に目先の減税を求めるに違いないとする見方への批判である。典型的なそれは、金井利之の指摘に端的に表れている。

その趣旨をごく簡潔にまとめると、多くの自治体が地方交付税交付金の交付団体であり、そのような自治体が減税を実施することは富裕な自治体の住民や国の理解は得られないし、また究極的には財政調整を破壊するので合理的な住民は減税の直接請求を自制せざるをえないというものである(9)。

近年減税が地方政治で大きく争点化し、一部に減税推進派が伸長する事例は確かにあった。しかし、自治体の置かれた現況を住民が一顧だにすることなく、全国的にそれが常態化するとは思えない。例えば先の〝平成の大合併〟において、多数の合併自治体を生んだ要因の一つに自治体財政の逼迫があったことは誰しも知るところであろう。だとするならば、住民の財政的負担の軽減が、現状より行政サービスのさらなる低下を招くおそれがあることくらい多くの住民には察しのつくことではないか。従って、筆者には受益と負担の関係をまったく無視した行動を住民がとるとはにわかには考えにくいものがある(10)。

緩和の機運と地方六団体の反対

戦後七〇年を経た今日において、さすがに地方税・負担金等に関する請求除外の緩和を表立って反対することは難しい時代になっている。除外事項の緩和が地方分権の推進の流れを踏まえた一定の了解事項と理解するならば、今こそ制度改正の機は熟していると言えるかもしれない。

ところがそのような状況にあっても、なお例外的に反対の姿勢を明確にしている団体がある。それは意外とも受け取れる地方六団体である[11]。政府自ら地方制度調査会において緩和に向けた議論を進めているにもかかわらず、地方団体はいずれもその制限を取り払う地方自治法の改正に反対し続けている。その理由の根底にあるのは、これまで見てきたような第一や第二の論点と大して変わるところはない[12]。本来地方分権そして住民自治の拡充を後押しする立場にあるはずのこれら地方団体が、それを真っ向から否定する光景は非常に滑稽にすら映る。結局のところ地方自治体でありながら（住民の代表者＝代理人であるはずの）彼らの（住民に対する）意識は、中央政府の守旧的勢力と変わるところがない（＝「愚民観」の保持）ことを示す好例と言えよう。

地方六団体が反対を表明する中で、第三〇次地方制度調査会は、「地方自治法改正案に関する意見」において、慎重に言葉を選びながらも、この地方税・負担金等の請求対象の緩和に一定の踏み込んだ文言を盛り込んだ[13]。ただ今なお請求に対する制約を取り除く緩和に向けた法改正は行われるに至っていない。

3　要因②　署名収集受任者の選任

条例の制定改廃請求を含めて直接請求における署名収集受任者（以下「受任者」）の問題はこれまであまり言及されてきていないが、請求運動を行う際の一つの制約として住民の前に立ちはだかっている。受任者とは、請求代表者から委任を受けて請求に必要な署名を集める人のことである。[14]受任者は署名収集にあたって署名簿に有権者から直接自筆の署名と押印を貰わなくてはならず、その負担は大きいものがある。加えて、受任者は当該自治体の有権者であることと共に、本人が属する市・区（指定都市）・町・村の有権者からの署名収集に限られるという点もまた制約要因として作用しうる。都道府県レベルの場合のその不合理は明白である。

先の東京都の原発稼働をめぐる住民投票条例の制定請求の場合には、署名者総数は三四万六六九三〇人（うち有効署名総数は三二万三〇七六人）、署名簿数は五万九〇七冊にのぼった。[15]この際には、一説によれば受任者は二万六四〇〇人を超えている。[16]請求代表者による署名収集受任者の選任とそれにまつわる作業（特に押印した委任状の署名簿への添付など）、そして受任者自身に係る署名収集の際の負担を思えば、もう少し簡略化された収集委任の方法が検討されてしかるべきであろう。[17]本請求に至らず潰える運動が無視し難い程度見られた点には、この辺りの理由もあるのではないかと考えられる。

4　要因③　署名の収集

署名の収集に関しては、第一に署名数要件の妥当性、第二に収集期間のあり方という点で問題があり、それが直接請求のハードル（＝制約）になっていると考えられる。

(1)　署名数要件の妥当性

制度発足以来、条例の制定改廃請求の署名数に関する要件は、自治体の人口の多寡に関係なく選挙権を有する者の五〇分の一以上と定められてきた（地方自治法七四条一項）。五〇分の一ということは有権者の二％である。この数字だけを見れば、署名数要件をクリアするのはそれほど難しいことではないようにも思える。しかし、後述するように署名収集には定まった期間が課せられているため、すべての自治体でたやすくそれをクリアできるわけではない。

例えば東京都などの場合には、二か月の間に二〇万超の署名を集めなければならず、先に見た署名収集に携わる受任者のことなどを考えるとそれほど容易ではないことが分かるはずである。

人口の多い自治体ほど難易度が増すこの一律の署名数要件に関しては、これまで再考を促す指摘がなされてきた[18]。

そもそもなぜ人口の多寡に関係なく一律にすべての自治体で有権者の五〇分の一以上の署名数を求めているのかが疑問である。その根拠となる理由を見つけるのは非常に難しい。

第三章註(20)でも触れた内務省の国会審議における想定答弁の資料には、次のような理由が記述されていた[19]。少数すぎると発案に慎重さを欠き適当でない。議員の議案発議は三人以上なので、その支持する有権者と概ね同数の連署が適当といった内容である。

しかし、これらの理由は金井が指摘するように、議員提案に要する議員数の変動にはこれまで署名数要件は連動してきておらず説得力に欠ける[20]。では請求に係る望ましい署名数要件のあり方は、どのような根拠を基に設定していったらよいのだろうか。

既に論じてきたように、住民に許されているのは、首長に対する条例制定の請求だけである。この点を考慮するならば、なるべく署名数要件は低く抑えられるべきではないか。最終的な決定権を持たず、また請求に係る署名数要件も高いとなれば、住民は誰もこの制度に見向きもしなくなるに違いない。

しかし、また一方で現状意思表示の手段に止まる制度ではあるにしても、署名数は多ければ多いに越したことはないという考え方もある。というのは、住民の簡便な意思表示の手段として、署名数要件のハードルをある程度下げて活用しやすくすることは必要だとしても、署名数要件ぎりぎりでは議会であっさり否決されてしまい、せいぜい課題の存在を知らしめる程度の結果（文字通りの「意思表示」）に終わってしまう可能性が強いからである。もし首長や議会に非常に重い民意として受け止めさせ、彼ら（彼女ら）の行動に何らかの影響を及ぼすこと（＝政策変更）までを企図するならば、当然高い署名数を得てこそ初めてそれが可能になることは想像に足ることである[21]。

この点について興味深いデータを提供してくれるのは、第二章でも参照した平松弘光らの研究である。この研究は、一九四七（昭和二二）年から一九九九（平成一一）年までの約五三年間の条例の制定又は改廃の請求を丹念に追ったものであったが、それによれば、「署名数が法定数（全有権者の五〇分の一すなわち二％）に近いほど否決率が高く、署名数が多くなるにつれ修正可決率が上昇し最高値に達した後はそれは減少し、入れ代わるように可決率が上昇し最高値に達するという傾向を示している[22]」というのである。彼らはこの分析から有効署名数と可決率との関係にももっと注意を払うべきだとしているが[23]、もっともな指摘である。

(2)　署名収集期間のあり方

制度発足以来条例の制定改廃請求の署名収集期間は、都道府県は二か月以内、市町村は一か月以内と一律に自治体の種類のカテゴリーで定めてきた（旧地方自治法施行令九二条四項）。しかし、この署名収集期間については、県を除く人口の多い自治体にとっては短すぎ、結果的に住民からの請求を遠ざけているのではないかという指摘がなされてきた[24]。

この指摘には、二つの論点を含んでいるように思われる。一つは署名収集期間の設定区分が都道府県と市町村だけでよいのかという点であり、いま一つはそもそもこの一か月や二か月といった署名収集期間の設定自体が妥当なのかという点である。

前者の点については、具体的には、人口の多い大規模市と人口の少ない県とに生じる署名収集期間のねじれが長らく問題となってきた（例えば一〇〇万人超の指定都市と一〇〇万人に満たない県の存在）。この点は、二〇一三（平成二五）年三月の施行令の改正でようやく指定都市の署名収集期間が都道府県並みに延長され、一定の前進が見られるに至った（新施行令九二条三項[25]）。しかし、指定都市を除いた市間においても人口の差は大きく広がっており（例えば六〇万超の市から一万を割る市まで存在する）、その現状を見るとき十分な改善がなされたとはなお言い難いものがある。この点については、人口区分に応じたさらにきめ細かい設定がなされるべきであろう。

後者の点については、これまで一部の論者がアメリカの諸州の住民投票制度の事例を参考に、その署名収集期間の延長の可能性を指摘してきた[26]。それらは、前者の点と併せて考えると妥当なものとして理解できる。この点についてはまた高寄昇三は、性格が異なる個々の直接請求制度が一律同じ署名収集期間であることに疑問を呈し、条例の制定改廃請求の場合は住民投票もないので署名収集期間を区切る必要は殆どないといった趣旨の指摘をしているが一考に値しうる(27)。いずれにしても署名収集期間の問題は、本節(1)で論じた署名数要件の問題とセットで考えていくべき性質を有している。また検討にあたっては、署名収集作業が困難になりつつある今日の地方自治体の置かれた状況（市町村合併による自治体の範域の広域化、過疎高齢化、限界集落等々）を十分に踏まえて考える必要があろう(28)。

5　要因④　首長が請求に意見を付けて議会に付議すること

本請求が受理されたならば、長は二〇日以内に議会を招集し、住民から請求された条例案に意見を付けて、これを議会に付議しなければならないことになっている（七四条三項）。長が意見を付けて議会に付議するのは、二元代表制の一方である執行機関の立場を表明するという理由からである。従って、長は条例案に対し必ず賛否を明確にした意見を付けなければならないとされている(29)。

この点に関して、長の付ける意見が執行機関の側の条例案に対する態度表明の場となっているという意味で、その必要性は理解できる。しかし、考えてみれば分かるように、そもそも住民が請求を行うに至る経緯には、長自らが積極的に条例の制定や改廃に取り組まない（取り組みたくない）ことにあったわけであるから、その長が住民から出された条例案に賛成の意見を付けることは基本的にありえないのは自明のことではないだろうか。

結果的に二元代表制とはいえ長と良好な関係を保持する議会多数派が多くを占めるわが国の地方議会の現状をもってしては、長の意見（＝意向）が強く議会の議決に影響を及ぼすのは明白であろう。

以上のことからも長による意見を付けた条例案の付議は、請求の制約要因として機能しうる。従って長が意見を付けることの是非については、今後さらなる検討が必要と思われる。

6　要因⑤　議会での議決

条例の制定改廃請求に関する制約の中でも、これまで最も多く指摘を受けてきたのは、おそらく最終的な成否は議会に委ねられるという点（九十六条一項一号）であろう。この点について異論をはさむ者はまずいないはずである。

指摘されてきた点の含意は、およそ共通している。そこでは、欧米でこのような類いの請求があった場合には、一般的にレファレンダムやイニシアティブといった方法が採られ、直接もしくは議会の否決後に必ず住民投票にかけられ、住民の側に最終的な決定権がある。しかし、日本のそれは請求権が認められているのみで、文字通りの住民発案に止まっている。故に住民投票に付す制度に改善していくことが求められる。大要このような主張がこれまで繰り返しなされてきたのである[30]。

例えば、浜川清の「現行地方自治法におけるレフェレンダムの不存在、とりわけ、住民投票を伴わない発案のみの条例制定請求制度は、直接民主主義の現実化の不十分さと偏頗さを示すものである。（中略）立法者における国民主権、住民自治の原理に対する不徹底な（いわば『純粋代表制』的思考の残存に基づく）姿勢を示したというべきである[31]」や、岡田彰の「本法は、発案を請求権にとどめるものであって、外国の例にみる如く、住民の発案を住民の投票によって決するイニシアチブ（直接立法）とは異なるものである[32]」といった指摘は、その典型である。これらの主張にはまた署名数要件を十分に満たしても、議会にかけるとその殆どは否決されてしまうという現状に対する不満が色濃く反映されていると言ってよいだろう[33]。

ところでこの住民に決定権を与えない規定は、どのような理由で制度発足時に採用されたのだろうか。

松野光伸によれば、それは第一次地方制度改革時において、内務省が国会審議の場に用意した想定答弁に見つけることができる[34]。そこには、わが国で初めて採用した制度であること、過半数は初めて参政権を付与された者であることから、制度に習熟し適切な判断を下せるようになるまでは議決機関の決定に付することが適当といった趣旨のことが記されている[35]。つまり内務省は当時、民主主義に触れて間もない住民は、十分な政治的な知識や判断力を有していないが故に、職業政治家の集まりである議会に最終的決定を委ねることが妥当だと考えていたのである。この点田中が同時期に、「わが国の民主政治の発展段階に対する考慮が払われているといいえよう[36]」と指摘していることからも、当時の官僚、一部の学者らには受け入れられていた一応もっともらしい理由ではあったのだろう。

しかし、最終的に議会に委ねる理由を民主主義的な成熟にだけ求めるとするならば、少なくとも戦後七〇年を経た今日においてはその理由の根拠は失われているというほかない。

ところで、この最終的には議会に委ねる仕組みを、制度の組み立て方といった面から肯定的に説明づけようとしたのは坂田期雄である。坂田によれば、いずれの直接請求制度もその最終的決定は、法定上の本来の権限者に帰する考え方を採用している。従って、条例の制定改廃請求の場合は、提案者である首長が議会に付議し議決権を有する議会が審議の上議決するのは必然のものとなるという論理である[37]。つまり条例の制定改廃の議決は議会の専権ゆえというわけである。

確かに制度の組み立て方を論理的に説明はしている。しかし、妥当性という点で疑問なしとは言えない。制度上制定に関して提案者は首長もしくは議員に限られているとはいえ、この場合の首長の提案はいわば形式的なものに過ぎない。そしてまた、何より首長や議員といった提案の権限者が、これまで取り上げてこなかった政策課題をテーマとして、住民が労を厭わず自ら制定（ないしは改廃）のために署名収集をし、首長に請求するという一連の行為を重く受け止めるならば、実質的な提案者である住民に帰す（＝住民投票）のが論理的にみて妥当な選択肢と言えるのではないだろうか。

政治学における本人―代理人関係の理論に当てはめて考えるならば、直接請求の生起は本人―代理人（＝長、議員）関係の崩壊、つまり両者の間に重大なエージェンシースラックが生じている状態に他ならない[38]。だとするならば、その場合には、やはり本人（＝主権者である住民）に意思決定を委ねることが、民主主義の原理によりかなった考え方ではないかと思われる。

結局のところ、最終的決定を住民投票に委ねるか否かという点は、高寄が指摘しているように、「直接請求権を代議制の補完として認めるか、市民主権の直接民主制の制度的保障の手段として確立していくか[39]」といった制度に対する根本的考え方に帰着するものである。従って、正答は一つだけという性質のものではないが、筆者としては後者の考え方に強い意義を見出したい。

近年ことと住民投票条例の制定請求が増加している背景には、アドホックな政策課題に対し住民が自ら意思決定（政策判断）を下したいという強い気持ちの表れがあると見ている。そこには、わが国の民主主義の成熟という現況も多分に作用しているだろう。そうだとするならば、条例の制定改廃請求に制度的に住民投票を取り入れることは、まさに時代の要請とも思われる。今後も現行制度を基本的に保持し続けるとしても、住民の意思をより反映しやすくするための制度改革は、不断の努力によって取り組まれるべき課題と言えよう[40]。

7　首長と議会の強い影響力――住民投票条例の制定請求を事例として

指摘した五つの制約要因のうち、四番目、五番目に挙げた「首長が請求に意見を付けて議会に付議すること」、「議会での議決」の二点に関し、節を改めてさらに掘り下げて検討しておきたい。具体的な対象として取り上げるのは、住民投票条例の制定に係る直接請求である。

(1)　住民投票条例にみる提案の主体者別比較

条例の制定改廃の提案は、主体者別にみると首長、議員、住民の三者により行うことができる。首長、議員は自ら提案者となるが、既に触れたように住民の場合は正確には首長を通して提案して貰う形をとる。主体者別間で条例の制定改廃の制定率にどのような違いが見られるのかを知ることは、直接請求の置かれた状況を理解する上で非常に重要である。

しかしながら全国の地方議会で年間に議決される条例の制定又は改廃の数は膨大にのぼり、まとまった集計結果を時系列的に提供することは到底不可能である。そこで参考までに住民投票条例の制定に絞った高橋秀行による調査結果を紹介し、条例の制定改廃請求における住民の「困難」（＝請求を阻む「制約」の存在）の一端（傾向）を確認しておきたいと思う(41)。

表4―1は、一九七九（昭和五四）年から二〇一二（平成二四）年まで、三四年間に及ぶ全国の地方議会で議決された個別の公共的課題に関する住民投票条例案の調査結果である(42)。これを見ると非常に興味深いことが分かる。主体者別で比較するならば、条例案は、住民、首長、議員の順で多く提案されている（繰り返しになるが正確には住民は直接請求を行い、首長に付議して貰う形をとる）。三者の提案数には大きな開きがあり、住民による提案は首長、議員の二倍以上、全提案数では半数以上を占める。しかしながら一方条例の制定率を見るならば、結果は大きく逆転し、首長、議員、住民の順となる。首長の制定率は八九・〇％とおよそ九割にものぼり、議員は四一・五％、そして住民は一七・五％に止まる。しかも高橋が指摘するように、この住民の制定率は、〝平成の大合併〟時の条例制定が一時的に増加した時期（「合併特需」）を含んでおり、その三年間（二〇〇三～二〇〇五年）を差し引いて勘定するならば、直接請求の件数は二二三件となり制定した条例は一九件、制定率は僅か八・五％にしかならなくなる(43)。

先にも述べた通り住民が直接請求を行うのは、長、議員が意を汲んだ条例案を提案しない（したくない）からである。従って、請求された条例案が首長、議員にとっては制定させたくない性質のものであることを考慮するならば、このような低い制定率になることは予測された結果ではある(44)。この集計結果は、いかに議会が民意を軽く取り扱ってきたかということの一つの証左に他ならない。

表 4-1　個別型住民投票条例案の主体者別成立数

（常設型住民投票条例の提案は除く）

	直接請求		議員提案		首長提案	
	提案数	制定数（制定率）	提案数	制定数（制定率）	提案数	制定数（制定率）
1979	1	0	0	0	0	0
1980	0	0	0	0	0	0
1981	0	0	0	0	0	0
1982	0	0	0	0	1	1
1983	2	0	0	0	0	0
1984	2	0	0	0	0	0
1985	4	0	0	0	0	0
1986	3	0	0	0	0	0
1987	3	0	1	0	0	0
1988	3	1	0	0	0	0
1989	1	0	0	0	0	0
1990	4	0	0	0	0	0
1991	3	0	0	0	0	0
1992	4	0	0	0	0	0
1993	3	0	2	2	1	1
1994	3	0	1	0	0	0
1995	6	1	5	4	1	1
1996	9	2	1	0	0	0
1997	8	3	0	0	0	0
1998	16	1	3	0	3	3
1999	15	0	4	1	0	0
2000	10	0	3	2	0	0
2001	15	2	3	2	1	1
2002	35	1	16	8	25	25
2003	81	18	59	34	78	75
2004	212	43	89	31	119	110
2005	73	23	19	5	22	14
2006	13	2	2	1	3	2
2007	6	2	3	0	5	5
2008	10	0	4	1	11	9
2009	17	4	6	3	8	1
2010	6	0	3	1	3	2
2011	7	0	2	0	1	1
2012	14	0	3	0	0	0
合計	589	103（17.5%）	229	95（41.5%）	282	251（89.0%）

注）2012年は11月22日に議会で否決された明石市の「明石駅前南地区再開発事業の賛否を問う住民投票条例案」の直接請求まで。12月25日に直接請求された「東京電力柏崎刈羽原子力発電所の稼働に関する新潟県民投票条例案」は、知事意見をつけた県議会への提案及び県議会における審議・議決が2013年1月に入るので、表には入れていない。

出典）算出の基になっているデータは、国民投票／住民投票情報室 HP（http//www/ref-info.net/）による。それを高橋秀行が表として作成したもの。高橋秀行「第7章 住民投票」高橋秀行・佐藤徹編『新説 市民参加［改訂版］』公人社、2013年、217-218頁。一部表記を変えた。

繰り返しになるが、議会による議決しか条例制定の方法がない（＝住民に制定の決定権が付与されていない）現行の直接請求制度は、やはり致命的な欠陥を抱えていると言わざるをえないのである。

(2)　個別事例に基づく制約の検証——小平市住民投票条例の事例

直接請求が運よく議会で可決され条例が制定されたとしても、必ずしもそれで請求住民が意図する政策が実現可能になるわけではない。次に紹介するのは、議会での議決後においてもなお長や議会が果たす住民発意の政策実現に対する「制約」の事例である。取り上げる事例は比較的新しいもので、二〇一三（平成二五）年（東京都）小平市における住民投票条例をめぐる一連のプロセスである。

小平市における住民投票条例

二〇一三（平成二五）年三月、東京都下では初めてとなる住民の直接請求による住民投票条例が、小平市で制定された（条例の正式名称は、「東京都の小平都市計画道路3・2・8号府中所沢線計画について住民の意思を問う住民投票条例」。以下「小平市住民投票条例」）。

この事例では請求過程において対照的な二つの展開が見られた。一つはこれまで指摘してきた諸々の制約を乗り越え議会で可決された後、実際に住民投票も行われたという点、もう一つはそれにもかかわらず住民投票は成立要件を満たせず不成立とされ、開票すら及ばなかったという点である[45]。最終的に請求住民らは、ぬか喜びをさせられただけの極めて不本意な結果を強いられることになった。

この一連のプロセスを眺めるならば、請求過程で長と議会が住民の請求を退けようとし、制定後もまた住民投票そのものを無意味化しようとする動きが浮き彫りになる。両者がもたらす制約を窺い知るという意味では、格好の素材を提供している。

本事例の争点

小平市は、東京都の多摩地域に位置し、当時人口はおよそ一八万六〇〇〇人ほどの自治体である。本事例は、一九六三（昭和三八）年に都市計画決定された「都道3・2・8号府中所沢線計画」の中の小平市を走る一部事業区間の「開発」か「見直し」かを争点とするものであった[46]。

具体的には、並行する府中街道を始めとする周辺道路の渋滞緩和、良好な居住環境の整備などを目的とする都側の計画に対し、立ち退きを強いられる建設予定地の住民や自然環境の破壊を危惧する住民らが計画に反対するという対立の構図がある。あくまで都の決定に係る道路建設計画ではあるが、反対住民たちは住民団体を結成し、小平市に対して計画の見直しの是非を問う住民投票条例の制定とその実施を求め精力的な活動を行ったのである[47]。

この制定運動が生起した背景には、行政側は住民に対し地域懇談会やワークショップ（＝「住民参加の機会」の保障）を開催しているが、対立する住民側にとっては、計画過程で実質的な意見反映の機会が保障されなかったと受け止めるなど双方の認識の相違が強く作用していたように思われる(48)。

事実経過

小平市住民投票条例をめぐる主な具体的事実経過は、表4―2に示す通りである。以下年表だけでは表れてこない内容面も含めていくつか重要な事柄について記しておくと、

第一に、署名をした有権者は、法定署名数の約二・五倍にあたる七一八三人にのぼった。

第二に、小林正則市長は議会に条例案を付議する際、否定的な意見を付けて提案した。

第三に、市長の反対意見にもかかわらず、三月六日市議会住民投票条例特別委員会は、条例修正案（請求案にあった施行後「四〇日以内」の住民投票の実施を「六〇日以内」に修正したもの）を可決した。その背景には、「これだけの数の住民の意思を否定しにくい」という空気が議会各会派に広がったためだということであった(49)。

第四に、四月二四日に可決された条例改正案は、有権者の二分の一（五〇％）未満の投票率の場合には開票せず投票は不成立とする内容であった(50)。

表 4-2　小平市住民投票条例をめぐる動き

年月日	主な事柄
1963（昭和 38）年	
8 月	1962 年 10 月の小平市制施行に伴い、小平都市計画道路府中所沢線として都市計画決定
2012（平成 24）年	
12 月 17 日	小平市住民投票条例制定請求代表者証明書の交付（署名の開始）
2013（平成 25）年	
1 月 15 日	小平市住民投票条例制定請求代表者により署名簿の提出（7,593 人分）
2 月 10 日 2 月 14 日	有効署名数（7,183 人分）の確定・告示 小平市住民投票条例制定請求書の受理
3 月 1 日 3 月 6 日 3 月 27 日	小平市議会定例会上程（市長が条例案を提出） 住民投票条例特別委員会において条例案修正可決（賛成 6、反対 4、退席 2） 小平市議会定例会において条例案修正可決（賛成 13、反対 8、退席 6）
4 月 7 日 4 月 16 日 4 月 24 日	小平市長選現職小林正則 3 選 小平市住民投票条例の公布・施行 市議会臨時会において小林正則市長は、投票率が 50% 未満の場合は開票しないことを要件とする条例改正案を提出し可決（賛成 13、反対 13、議長裁決）
5 月 26 日 5 月 27 日 5 月 28 日	住民投票の実施。不成立（投票率が要件を満たせず開票せず。投票率 35.17%） 住民団体が市選挙管理委員会に投票用紙の写しを情報公開請求 東京都は国土交通省関東地方整備局に事業認可を申請
6 月 3 日 6 月 10 日	市選挙管理委員会は情報公開請求に対し非開示決定 住民団体が情報公開請求の非開示決定に対し異議申し立て
7 月 12 日	国土交通省は小平 3・2・8 号府中所沢線の事業を認可

出典）　小平市ウェブサイト内「住民投票条例公布までの経過」の年表（http://www.city.kodaira.tokyo.jp/kurashi/001/001140.html）、小平都市計画道路に住民の意思を反映させる会ウェブサイト内「3・2・8 号線をめぐる年表」（http://jumintohyo.wordpress.com）を基に、筆者が大幅に加筆修正を施した。但し前者は現在リンク切れ。

第五に、五月二六日に行われた住民投票の投票率は三五・一七％、五万一〇一〇人の有権者が投票所に足を運んだ。結果として住民投票の結果は、第四で挙げた成立要件を満たせず不成立となった（まさしく市長が狙った通りの結果になった）。

第六に、その後も請求住民らによる住民投票の開示を求める運動は、表4―2に示した以降も市への情報公開請求、裁判所への訴訟提起と場面を変えながらも継続した。

第七に、その間も事業実施に向けて都の手続きは遅滞なく進められ、七月一二日には国交省から事業認可を受けるに至った。

第八に、裁判闘争は、最終的に最高裁が二〇一五（平成二七）年九月二九日付で上告を棄却。市選管は同九月三〇日に投票用紙を焼却処分した。(51)

長と議会が及ぼした制約

本事例で市長と議会が住民による条例の制定請求に及ぼしたその制約を改めて確認しておくと、一つは市長は直接請求に対し否定的な意見を付け議会に条例案を付議した。結果的に議会は条例案を可決し条例は制定されたものの、事態はそれだけでは終わらない。

二つめに市長は条例施行から日を置かずして、自ら住民投票の成立に関しハードルを上げる条例改正案（＝投票率の成立要件）を議会に提出した。議会ではこの改正案は可否同数と二分する投票結果になったが、最終的には議長裁決という形で可決成立するに至った。直接請求を行った住民らにとっては、その目指す政策実現という点で改めて大きなハードルを課せられる条例の「改悪」に他ならないものであった。

ところでこの条例改正で引き上げられた投票率の成立要件は、妥当性を有するものなのだろうか。有権者の五〇%以上の投票率がなければ開票しないという新たな制約の設定は、事例直近の市長選の投票率が三七・二八%、その前が三九・三一%であることを考えるとかなり高いハードル（制約）で、当初から意図的な住民投票潰しと捉える向きがもっぱらであった。[52] この点について北野収は、「民意の数値化」にはさまざまな矛盾や盲点があるとし、建設賛成者には「計画見直しの必要なし」に投票するほか、投票を棄権する選択肢ができた。そして、それはまた計画見直し派には投票を諦めさせる誘因にもなったと興味深い指摘を行っている。[53]

長と議会が果たした制約は以上の通りだが、この事例はまた別の角度から条例の制定改廃請求の限界を露呈させた。すなわち首尾よく条例が制定されても、住民は手放しには喜んでいられないという点である。長や議会が、事例で見た通り住民発意による条例制定の実効性を失くすため条例改正を提案することや、住民投票の結果を遵守しないことなども十分に考えられるからである。[54] これら条例の制定請求の有する「限界」をよく知悉した上で、住民側は意図する政策実現のための方策を練る必要がある。[55]

8 小括

本章で指摘した請求過程で生じている制度上の制約要因と、その若干の検討結果をまとめるならば以下の通りである。

① 請求事項の制約には、すべての公共問題に関して請求可能というわけではないという点がある。具体的には、地方税の賦課徴収並びに分担金、使用料及び手数料の徴収に関するものは、請求事項から除外されている。民主主義の本質に関わる問題点を有するものとして、早急にこの除外規定は取り除かれなければならない性質を有している。

② 署名収集受任者の制約には、その過重な負担とまた受任者選任の困難が挙げられる。受任者は本人が属する市・区（指定都市）・町・村の有権者からの署名収集に限定され、また受任者一人一人にかかる署名収集の労力は非常に大きいものがある。

③ 署名収集の制約には、一つに有権者の五〇分の一以上という人口の多い自治体では必ずしも容易ではない署名数の要件という問題がある。そこには前提として、署名数要件の妥当性に関する根拠の希薄さという問題点が横たわっている。

④　また署名収集のもう一つの制約として、収集期間の短さという点も挙げられる。都道府県は二か月以内、市町村は一か月以内という現行の自治体の種類による期間設定に果たして合理的根拠は見出しうるのか。自治体の種類ではなく人口比による収集期間の設定が妥当と思われる。

⑤　長が意見を付けて議会に付議することの制約には、わが国の長と議会の関係を見るならば、長の与党会派が多数を占める議会では基本的に長の意見に倣った議決を行いがちであるという点が挙げられる(56)。請求の経緯を考えるならば、長が住民の条例案に賛意を示す意見を付けることは基本的にありえず、結果は最初から見えていると言わざるをえない。

⑥　議会における議決の制約は、制度最大の欠陥とも呼ばれるものである。署名をいくら集めても住民には条例の制定改廃の決定権は与えられず、単なる意思表示に止まるという限界である。長と議会が条例の制定改廃を積極的に提起してこなかったからこそ直接請求はなされるわけであり、その点からすると⑤の点と同様、議会が基本的に否決ありきであることは明白である。

⑦　懸念される事柄として、条例案が可決しても必ずしもそれで請求運動が成功裡に終了できるとは限らないという点もある。条例制定後も長や議会は条例改正案の提起をはじめさまざまな形でその内容を弱める手段に出ることもある。その点から住民側は自ら企図した政策が実施され、結果として意図した効果が得られるまでは安穏としてはいられない。

以上の通り請求過程では少なく見積もっても六つの制約要因が存在しており（さらに場合によっては、見てきたように請求過程の後においても制約は生じうる）、それらが複合的に作用することにより住民の直接請求を困難にし、また望む形の制定改廃の実効性を難しくしていると考えられる。

註

（1）例えば、松本英昭『新版 逐条地方自治法 第9次改訂版』学陽書房、二〇一七年、二六四―二六五頁。因みにこの記述されている箇所は、同書が長野士郎の手になる時代から変わるところがない。及び、自治大学校編『戦後自治史Ⅶ 昭和二二・三年の地方自治法改正』一九六五年、二五五―二六〇頁。

（2）田中二郎「地方自治法に現われた代表的民主主義と直接的民主主義」『自治研究』二五巻二号、一九四九年、二〇頁。旧字体は新字体に改めた。

（3）このいわば政府の「本音」とする点は、当時の衆議院治安及び地方制度委員会の鈴木俊一政府委員の答弁に明確に表れている（昭和二三年五月二〇日及び六月五日）。地方自治庁編『改正地方制度資料 第五部』一九五一年、四九―五一頁（同じ部分を所収するものとして、自治大学校編『戦後自治史Ⅶ』二五七―二六〇頁）。加えて、国会会議録検索システムでも閲覧可能。

（4）橋本勇『地方自治のあゆみ』良書普及会、一九九五年、二二二頁。

（5）「愚民観」なる言い回しは、以下の文献に見出せる。地方自治総合研究所監修、佐藤竺編『逐条研究　地方自治法Ⅰ　総則――直接請求』敬文堂、二〇〇二年、三〇四頁、金井利之「直接参政制度に関する諸問題」『都市とガバナンス』一六号、二〇一一年、一三頁。また高寄昇三は「愚民論」と表記した。高寄昇三『住民投票と市民参加』勁草書房、一九八〇年、二九三頁。

（6）鵜飼信成「地方自治法における直接民主政治――直接請求の実態と意義――」『法律時報』二一巻七号、一九四九年、二〇―二一頁。旧字体は新字体に改めた。

（7）一例を示せば、真砂泰輔「直接請求制度」田中二郎他編『行政法講座　第五巻　地方自治・公務員』有斐閣、一九六五年、四一頁、浜川清「4　直接請求による条例制定」佐藤竺編『条例研究叢書2　条例の制定過程』学陽書房、一九七八年、二四三―二四四頁、高寄昇三『住民投票と市民参加』二九三頁、高寄昇三『市民自治と直接民主制』公人の友社、一九九六年、五五頁、金井利之「直接参政制度に関する諸問題」一三―一五頁など。

この点に関しては、真砂泰輔の「……その実例数からみても、『濫用された』というのには、なお距離があると思われる。……」（真砂泰輔「直接請求制度」四一頁）という一文に見られるように、当時の請求件数の状況を、そもそも「濫用」と呼ぶに及ばないという指摘もある。

実際どの程度そういった類いの請求が行われていたかについては、総務省によると、一九四八（昭和二三）年八月一日施行の地方自治法改正前に行われた条例の制定改廃請求で

昭和23年8月1日地方自治法改正法施行前に行われた都道府県に対する条例の制定改廃請求

（『地方自治月報』第6・7合併号）

道府県名	請求期日	署名数（法定署名数）	請求事項	備考
北海道	S23.4. 2	545,801 (36,035)	北海道税条例改正	S23.5.29 否決
福島県	S23.7.10	282,355 (19,842)	電気ガス税鉱産税条例改正	S23.7.29 否決
神奈川県	S23.6.15	44,938 (23,738)	電気ガス税賦課徴収条例改正	S23.7.27 否決
滋賀県	S23.7.15	15,367 (9,460)	県税条例改正	S23.7.24 否決
京都府	S23.5.26	不明	電気ガス税条例改正	S23.7.29 否決
大阪府	S23.7.28	48,197 (36,052)	電気ガス税条例改正	請求取下
兵庫県	S23.5.16	不明	電気ガス税条例改正	不明
奈良県	S23.6.28	13,309 (8,896)	県税条例改正	S23.7.27 否決
和歌山県	S23.7.22	11,843 (10,748)	県電気ガス税及び鉱産税条例改正	S23.7.27 否決
岡山県	S23.6.22	32,952 (17,655)	県税賦課徴収条例改正	S23.7.10 否決
愛媛県	S23.6.11	17,880 (15,244)	電気ガス税条例改正	不明

出典）　総務省「第30次地方制度調査会第一回専門小委員会配布資料1」2011年。総務省のウェブサイトより参照可能（http://www.soumu.go.jp/main_content/000131330.pdf）。但し、一部表現を変えた。

判明しているもののうち、都道府県に対するもの一一件中すべて、市町村に対するもの八件中七件が税条例及び乗車料条例改正を求めるもので、都道府県の場合不明や請求取り下げを除き明らかになっているものはすべて議会で否決されている（前掲表参照）。

確かに表を見る限りにおいて、この期間にこの件数で「濫用」と称するにはいささか物足りない数字ではある。

（8） 橋本勇「条例の制定又は改廃請求等」古川俊一編『最新地方自治法講座③ 住民参政制度』ぎょうせい、二〇〇三年、二三四頁。

（9） 金井利之「直接参政制度に関する諸問題」一四頁。

（10） この点について高寄昇三は、「……税・使用料などの削減要求には、同時にサービス削減も具体的に明示するよう請求条件とすれば除外するまでもない。その意味では改正は過剰な反応といえよう」という興味深い提案を行っている。高寄昇三『市民自治と直接民主制』五五頁。

一方この点戦後三〇年という相当の年月を経た段階においても、なお坂田期雄などは、「（住民側に＝筆者補足）『受益（受ける行政サービス）』と『負担（納める税金）』の選択という意識がないことが、いまの地方自治の根本的な欠陥だが、このまま進めば、『なんでも安く』『タダに』という〝タダ乗りの論理〟〝住民エゴ〟がいっそう助長される危険性がある。その思想は、この制度ができた当初、専ら税金などの軽減要求に利用され、ついに改正の破目にまで追い込まれたのと同じ路線上の問題でもある」と述べ、「愚民観」をなお引きづった旧来からの中央官僚出身者にありがちな懐疑的見解を寄せている。坂田期雄『新時代の地方自治③ 新しい都市政策と市民参加』一九七八年、二七八頁。

（11）　地方六団体とは以下の通り。全国知事会、全国都道府県議会議長会、全国市長会、全国市議会議長会、全国町村会、全国町村議会議長会。

（12）　二〇一一（平成二三）年に開催された第三〇次地方制度調査会専門小委員会第一～五回の議論。特に第一回の専門小委員会において配布された資料（「地方自治法の一部を改正する法律案」に関する地方六団体の意見と総務省の回答）を参照のこと。いずれも総務省のウェブサイト内、地方制度調査会から入手可能（http://www.soumu.go.jp/main_sosiki/singi/chihou_seido/kaigi_back.html）。

典型的な地方六団体の論調の一例を示せば、次のような具合である（但し掲載のものは、第一回で配布された各団体の意見を簡略的にまとめた第二回配布の資料である）。

「条例の制定・改廃の請求対象の拡大」に関する主な意見

【地方六団体の意見】

○全国知事会

・社会保障関係経費が毎年大幅に増加するなど、地方財政は極めて深刻。減税が地方選挙の大きな争点となり、復興財源として地方税の増税が議論されている状況を踏まえれば、安易な減税要求により地方公共団体の財政基盤に大きな影響が生じることが懸念される。

・受益と負担の均衡の確保や、直接請求が政争の具として利用される危険性の観点からも、地方行財政を預かる立場として、改正には反対せざるを得ない。

○全国市長会

・今後検討していく項目であると認識しているが、なぜ今必要なのか理解できない。

・経済状況が変化して、乱発されることは想定されないとしているが、十分な検討がなされたとは言い難い。
・税と社会保障の一体改革や復興財源の議論が行われており、地方税財源の確保が喫緊の課題。
・地方税の賦課徴収等の条例を対象とすれば、減税要求が乱発され、政争の手段とされることが懸念される。
・地方の行財政運営に大きな影響を与え、行政サービスの低下につながるおそれがある。
○全国町村会
・現在においても、多くの住民にとって減税自体は歓迎されるものであり、減税を掲げた地域政党が多くの支持を得ている。その中で地方税の賦課徴収等を直接請求とすることによる影響は大きい。
・復興財源の確保に伴う増税、社会保障と税の一体改革、税制の抜本改革が行われている現在、拙速を避け、慎重に検討を行う必要がある。
○全国市議会議長会
・ポピュリズム的に減税を掲げ支持を得ようとする勢力がある中で、理念としての制度とは別に、現時点としては慎重に検討する必要がある。
○全国町村議会議長会
・社会保障と税の改革、震災対策など増税が避けられない中で直接請求の対象とすることが適当なのか懸念される。

第三〇次地方制度調査会第二回専門小委員会配布資料「第一回専門小委員会における主な意見」（http://www.soumu.go.jp/main_content/000133318.pdf）による。なお全国都道府県議会議長会の意見はこの第二回の配布資料では示されていない。改めて第一回の配布資料にあたってみるならば、「……政府におかれては、今回の改正のうち、直接請求制度の見直し（筆者注＝この点が請求事項の除外に関わる部分）（中略）については、地方行財政に大きく影響することから、改正案を国会に提出する前に、地方六団体など関係各方面と十分な意見交換を重ねるよう強く要請する」とだけ記されている（http://www.soumu.go.jp/main_content/000131331.pdf）。

(13)　第三〇次地方制度調査会第三回総会配布資料「地方自治法改正案に関する意見～3直接請求制度(2)条例の制定・改廃の請求対象」（平成二三年一一月一五日）

直接請求のうち条例の制定・改廃請求の対象については、地方自治法制定時（昭和二二年）にはその対象の制限はなかったが、昭和二三年の改正によって地方税の賦課徴収並びに分担金、使用料及び手数料の徴収に関する条例が除外された。

この改正は、地方自治法制定直後（昭和二二年五月三日）から昭和二三年改正の施行日直前（昭和二三年七月三一日）までの間、電気ガス税を中心とした地方税の減税を求める税条例の改正請求が多数行われ、そのほとんどが否決されたこと等の事情を踏まえて行われたものである。

しかしながら、地方税をはじめとする地方公共団体の収入に関する事項について住民の意思が適確に反映されることは、住民自治の観点から極めて重要である。

昭和二二年当時は、いまだ戦後まもない時期であり住民の経済状況も極度に逼迫していた事情もあってこのような改正が行われたものと考えられるが、経済状況も大きく変化した今日、本来あるべき姿に立ち戻り、住民自治の充実・強化の観点から地方税等に関する事項を条例制定・改廃請求の対象とすることを基本とすべきであると考える。

住民に身近な使用料や手数料などについて直接請求の対象から除外されることにより、受益と負担の関係について住民自らが真剣に議論する契機が失われている状態にあるとも考えられる。

直接請求がなされた場合においても、実際に条例の制定・改廃が行われるためには議会の議決が必要であり、最終的な判断は議会に委ねられている。地方税等に係る住民からの提案について議会が真剣な審議を行うことは議会の活性化に資するものであり、この点からも地方税等に関する事項を直接請求の対象とすることについては意義があるものと考えられる。

地方税等に関する事項を直接請求の対象とするにあたっては、長年、地方税等に係る条例が直接請求の対象とされてこなかったこと等を踏まえ、当面は、地方税すべてを対象とするのではなく一部の税目に限定したり、五〇分の一となっている署名数要件を地方税等については引き上げたりするといった方策をとることも考えられる。また、直接請求の対象となる地方税等の収入の増減に見合う歳出を明らかにした上で議会で審議することが必要であるという指摘もある。

以上を踏まえ、対象とする地方税の内容、署名数要件のあり方等についてさらに検討を加えた上で制度化を図るべきである。

一方、制度化にあたっては、地方公共団体の財政運営に与える影響や地方財政の極めて厳しい現状等への考慮も必要である。また、ギリシャの財政危機に端を発した世界経済の不安定な状況が続いており、わが国においても社会保障・税一体改革についての議論が進められている。このような状況を踏まえれば、制度化の時期については、今後の経済状況の推移や改革の実施状況等を十分見極めて検討する必要がある。（傍線は重要な点として筆者が付したもの。なお以下のアドレスで閲覧可能 http://www.soumu.go.jp/main_content/000014216.pdf）。

（14）　署名収集受任者の一般的説明については、直接請求実務研究会編『実務解説直接請求制度』ぎょうせい、二〇一四年、七六―八三頁、谷上晴彦「Ⅱ　こうしたらできる住民投票――条例制定を求める直接請求の仕組みと勘所　その①――」岡田知弘・自治体問題研究所編『住民投票の手引――市町村合併は住民の意思で――』自治体研究社、二〇〇四年、五三―八八頁など。但し、後者は制度面で若干古くなっている箇所がある。

（15）　データの出所は、東京都選挙管理委員会事務局ウェブサイトによる（http://www.senkyo.metro.tokyo.jp/uploads/news-20120423-seikyuu.pdf）。なお都選管によるこの直接請求に関する事務の総括として、谷口淳二「東京都条例制定直接請求の経緯について」『選挙』六五巻九号、二〇一二年、一〇―一二頁、がある。

（16）　大田区議会北沢潤子議員のウェブサイトの情報によるもの（http://kitazawa.seikatsusha.me/blog/2012/02/12/3475/）。それによれば、一部の延長地域を除いた締切翌日（二月一〇日）の確認済獲得署名者数は、二七万九八八一筆、受任者数二万六四六二人とある。

この情報に従うならば、少なく見積もってもこの数の受任者が選任されていたことになる。受任者一人で数百人の署名を集める人もいれば、一人二人しか集めることができない人もいるだろうが、単純に獲得署名者数と受任者数を割ると受任者一人当たり約一〇・六人になる。一人一〇人だとしても頼んで署名を貰う苦労は窺い知ることができるのではないだろうか。

(17) 三〇年以上も前からこの点に言及していた論稿に、辻山幸宣「直接請求制度の意義と限界」『法学セミナー』三八〇号、一九八六年八月号、六九頁、がある。

(18) 岡田彰「逐条解説 条例の制定又は改廃の請求とその処置」地方自治総合研究所『コンメンタール直接請求』地方自治総合研究所、一九七八年、一六九頁、新藤宗幸「直接請求制度と住民参加」自治大学校研究部編『地方公務員セミナー 住民参加と行政』第一法規、一九七六年、八六―八七頁、福士明「直接請求による自治立法の可能性は」木佐茂男編『分権時代の自治体職員③ 自治立法の理論と手法』ぎょうせい、一九九八年、一三五頁、辻山幸宣「直接請求制度の意義と限界」六九頁など。

(19) 内務省編『改正地方制度資料 第一部』、一九四七年、一二九一―一二九二頁。当時の国会における内務省の作成した答弁資料を一部まとめると、次のようなものであった。

(一) (中略) 最終的な決定は、都府県会、市町村会に一任せられ、何らその議決を拘束する所がないので、請求に必要な選挙人の数は余り多くを要求せず、努めて自由な意思を表明する機会を多く与えることが適当である。

(二) さりとて、余り少数にすると発案に慎重を欠き適当でない。議員の議案の発案は、議員三人あればなすことが出来るから、議員三人が実質上支持を受けている選挙人の数と概ね同数の選挙人の連署があれば発案を為し得ることとするのが相当である。

(三)　外国の実例についてみるに、多くは有権者の五%を要求しているのであるが、外国の場合は、発案は必ず一般票決に付することとせられている。しかしわが国においては条例規則の発案やその他の直接参政は、今回初めて採用した制度であり、殊に選挙人の過半数が今回初めて参政権を賦与せられる者であるから、国民一般がこの制度に習熟し、提案の内容を十分に批判検討して適切な判断を下し得ると認めるまでは、一般の票決に付するよりも、常に重要事項の議決にあたっている議決機関の決定に付することが適当と考えられるので、従って比較的自由に発案し得ることとしておいても、適当に調整し得るので外国よりも低率とした。(筆者注　旧字体は新字体に改めた)

因みにこの資料は、一九四六(昭和二一)年の第一次地方制度改正時、初めて直接請求制度が採用される際に内務省が国会審議の答弁資料として用意したものである。

(20)　金井利之「第一章　直接請求制度」財団法人地方自治研究機構編『市区町村における住民参加方策に関する調査研究』財団法人地方自治研究機構、二〇一三年、九四頁。金井も政府の同様の理由を挙げているが、そこには政府原案とあるだけで詳細な出典表記はなされていない。おそらく出典は筆者と同じものと思われる。

(21)　同様の指摘として、金井利之「直接参政制度に関する諸問題」一六―一七頁、平松弘光「条例制定・改廃の直接請求――市民発案の一つの姿――」自治立法研究会編『分権時代の市民立法――市民発案と市民決定――』公人社、二〇〇五年、一四―一五頁。

(22)　平松弘光「条例制定・改廃の直接請求」八〇頁。但し、この章の記述は平松と佐藤憲治との共著。分析のもとになる戦後の条例の制定又は改廃の請求をまとめた平松らによる資料は、本書でこれまでも度々参照してきた自治立法研究会編『市民立法総覧 直接請求編』公人社、二〇〇三年である。

(23) 平松弘光「条例制定・改廃の直接請求」八〇頁。但し、この章の記述は平松と佐藤憲治との共著。

(24) 一例として、新藤宗幸「直接請求制度と住民参加」八六―八七頁など。高寄昇三『住民投票と市民参加』二七四頁。

(25) 二〇一三(平成二五)年三月一日公布の地方自治法施行令では、次のように改められた。「……都道府県及び地方自治法第二百五十二条の十九第一項の指定都市(以下「指定都市」という。)にあつては二箇月以内、指定都市以外の市町村にあつては一箇月以内でなければこれを求めることができない。……」(九二条三項)

(26) 例えば、岡田彰はカリフォルニア州における一八〇日間プラス一〇日間の補充収集の例を挙げて収集期間の再考を求め、また新藤宗幸は「人口に応じた署名数の法定と署名期間の長期化」を提唱している。岡田彰「逐条解説 条例の制定又は改廃の請求とその処置」一六九頁、新藤宗幸「直接請求制度と住民参加」八七頁。岡田はこの中で収集期間を、「議会の条例に委ねることも一案であろう」(同頁)と述べているが、興味深い指摘である。

(27) 高寄昇三『住民投票と市民参加』二七四頁。

(28) 署名収集が困難になりつつある今日的状況とは、人口の集中する都市部では防犯上の理由から勝手に集合住宅内に立ち入れないなどの問題が浮上する一方で、また過疎高齢化で家々が遠く離れて点在するような自治体などでは収集作業が困難になる状況の到来のことを指している。これらの点に関しては、「解職・解散の直接請求」に係る論点としてではあるが、第三〇次地方制度調査会でも取り上げられた。例えば同第三回専門小委員会（二〇一一〔平成二三〕年一〇月二七日開催）における全国町村会副会長白石勝也愛媛県松前町町長の発言などを参照。総務省『第三〇次地方制度調査会第三回専門小委員会議事録』二〇一一年、二六頁（http://www.soumu.go.jp/main_content/000138465.pdf.）。直接請求全般に係る問題として、条例の制定改廃請求も同様である。

これらの問題の浮上は、単純に人口区分による収集期間の緩和だけでは解決しえないことを意味している。

(29)　直接請求実務研究会編『実務解説直接請求制度』一七六頁、松本英昭『新版　逐条地方自治法　第9次改訂版』二七四頁。

(30)　このような指摘は、枚挙に暇がない。一例として、鵜飼信成「地方自治法における直接民主政治」二〇頁、高寄昇三『住民投票と市民参加』二九〇頁、吉田善明『地方自治と住民の権利』三省堂、一九八二年、五三―五八頁、松野光伸「現行直接請求制度の制定過程」『島大法学』二四巻二・三号、一九八一年、九〇頁、辻山幸宣「意思決定への参加の制度　1. 直接請求制度の意義と現状」『ＮＩＲＡ政策研究』一二巻一二号、一九九九年、五二頁、地方自治総合研究所監修、佐藤竺編『逐条研究　地方自治法Ⅰ』三〇四頁など。

(31)　浜川清「4　直接請求による条例制定」二四二頁。

(32)　岡田彰「逐条解説　条例の制定又は改廃の請求とその処置」一五八頁。

(33)　制定率の低さについては、第二章第2節で扱った通りである。そこでは修正可決を除けば、総じて一割に満たない議会での可決であることを明らかにした。

(34) この点に関しては、松野光伸の先行研究から知りえた。松野光伸「現行直接請求制度の制定過程」一〇〇頁。
(35) 註19で挙げた答弁資料の(三)の理由に述べられているので参照のこと。
(36) 田中二郎「地方自治法に現われた代表的民主主義と直接的民主主義」二〇―二一頁。
(37) 坂田期雄『新時代の地方自治③ 新しい都市政策と市民参加』二八一頁。従って、同様の考え方に立って、他の直接請求についても、議会や議員、首長の解散・解職請求は住民に、主要公務員のそれは選出した議会に、事務の監査請求は監査委員という本来の権限者に帰する形をとっていると説明される。高寄昇三による坂田の論理展開(「代議制の補完」論)に関する言及として以下を参照。高寄昇三『住民投票と市民参加』二八九―二九二頁。
(38) 田中愛治「選挙と政治参加」久米郁男他編『政治学』有斐閣、二〇〇三年、四五七―四五九頁。
(39) 高寄昇三『住民投票と市民参加』二九二頁。
(40) この点に関する筆者のささやかな提示として終章を参照。請求住民の側に立った議会議決の改革案として、例えばかつて和田英夫は議決を三分の一程度に緩和する方策を一考すべきと述べている。和田英夫『地方自治の変貌と視点』全国自治研修協会、一九七一年、二〇〇―二〇一頁。
(41) 高橋秀行「第七章 住民投票」高橋秀行・佐藤徹編『新説 市民参加[改訂版]』公人社、二〇一三年、二一七―二一八頁。あくまでもこれは住民投票条例制定に限定した事例であって、他の条例の制定又は改廃では異なる結果が出る可能性は否定できない。その点には留意する必要がある。住民投票全般については、併せて今井一『住民投票』岩波書店、二〇〇〇年、上田道明『自治を問う住民投票』自治体研究社、二〇〇三年、森田朗・村上順編『自治総研ブックス① 住民投票が拓く自治』公人社、二〇〇三年、も参照のこと。

(42) 高橋秀行「第七章 住民投票」二一七—二一八頁。

(43) 高橋、前掲、二二二頁。なお平成の大合併時における住民投票条例の急増に関する分析については、次の文献が有益である。上田道明「『平成の大合併』をめぐる住民投票の中間総括」『季刊 自治と分権』一六号、二〇〇四年、同「『平成の大合併』をめぐる住民投票は何を残したか」『季刊 自治と分権』二〇号、二〇〇五年。

(44) この点に関して高橋秀行は、「これ（筆者注＝首長による民意を無視した政策の強行）を止める最後の手段が、住民投票条例の直接請求である。そのため、市民が住民投票条例を直接請求する場合、多くは、首長や議会に対する異議申し立てであり、首長や議会からみれば、まさに『挑戦』である」と述べている。高橋秀行「第七章 住民投票」二二三頁。

(45) 後述するが、当初の条例案が投票日の規定などを修正し議会で可決された後、市長は、住民投票に投票率が五〇％未満の場合には成立しないとする成立要件を課す条例改正案を提出し、議会はまたそれを可決した。

(46) 本事例の事実経過や争点の記述に際しては、小平市の住民投票関連のウェブサイト「住民投票条例の概要」、小平都市計画道路に住民の意思を反映させる会（以下「反映させる会」）「小平市で住民投票！」のウェブサイト内「3・2・8号線をめぐる年表」、および朝日新聞〔むさしの版〕二〇一三年二月一四日付朝刊などを参照した。小平市及び反映させる会のウェブサイトのアドレスは、それぞれ以下の通り。小平市の住民投票関連（http://www.city.kodaira.tokyo.jp/kurashi/001/001140.html）、反映させる会（http://jumintohyo.wordpress.com）。但し、前者は既にリンク切れ。

なお小平市の住民投票条例に関する詳細な事例研究の成果としては、高橋秀行『住民投票の現在――小平市と北本市の住民投票を中心に――』岩手県立大学総合政策学部高橋研究室、二〇一四年、がある。
(47) 都の決定事項であり市に権限がないことは住民たちは活動当初から理解していたはずで、その点では自分たちの意図する政策実現が困難な道のりを辿ることは自明としつつ、なお活発な活動が行われたということになろう。この点に関して、例えば、中沢新一・國分功一郎「どんぐりの民主主義」を参照。中沢新一・國分功一郎『哲学の自然』太田出版、二〇一三年、一九九頁以下。
(48) 中沢新一・國分功一郎『哲学の自然』二〇一―二〇三頁、および國分功一郎『来るべき民主主義――小平市都道三二八号線と近代政治哲学の諸問題――』幻冬舎、二〇一三年を参照。
(49) 各会派の対応は、政和会（自民党）とみんなの党が修正案に反対したが、公明党が退席し、民主党系会派と共産党などの賛成多数で成立した。朝日新聞二〇一三（平成二五）年三月二八日付朝刊。
(50) 各会派の対応は政和会（自民党）、みんなの党、公明党が改正案に賛成、民主党系会派、共産党、生活者ネットなどは反対した。結果本会議では一三対一三と票が割れたが、議長裁決により可決された。朝日新聞〔むさしの版〕二〇一三（平成二五）年四月二五日付朝刊。

条文は以下の通り。

（住民投票の成立の要件）

第一三条の二

住民投票は、投票した者の総数が投票資格者の総数の二分の一に満たないときは、成立しないものとする。

(51) 朝日新聞二〇一五（平成二七）年一〇月二日付、及び先述の反映させる会のウェブサイト「小平市で住民投票！」（http://jumintohyo.wordpress.com）内「3・2・8号線をめぐる年表」による。

(52) 投票率については、小平市のウェブサイト内「選挙管理委員会」（http://www.city.kodaira.tokyo.jp/kurashi/index10017002.html）を参照した。但し、現在はリンク切れ。

(53) 北野収「私の視点 足かせになった五〇％要件」朝日新聞二〇一三（平成二五）年六月三日付朝刊。但し、全国の住民投票条例を見る限り、五〇％の成立要件を課すところは多い（いわゆる「悪しき五〇％条項」）。この住民投票の成立要件に関しては、上田道明『「平成の大合併」をめぐる住民投票の中間総括」『季刊 自治と分権』一六号、二〇〇四年、八〇頁、高橋秀行「第七章 住民投票」一二三四—一二三五頁を参照。

(54) この点に関して、高橋秀行は、（東京都）旧保谷市において直接請求で制定されたリサイクルに関する条例が、市の作った新たな条例の制定・施行により僅か一年半で廃止された事例に直接請求の限界をみて、行政との協働作業による条例案作成（高橋の用語法に従えば、行政ルートの協働型市民立法）の可能性を説いている。高橋秀行『協働型市民立法――環境事例にみる市民参加のゆくえ――』公人社、二〇〇二年、第三章（七一―一一二頁）。同様の立場に立つものとして、松下啓一『協働社会をつくる条例』ぎょうせい、二〇〇四年、一六〇―一六一頁。そこでは、条例を動かす仕組みづくりを市民や議員だけで担いきれるのかと松下は疑問を呈している（一六〇頁）。松下が強調したいのは、条例が実効性を持つためには、事前に行政の協力のもと合意・調整を経た条例づくりが欠かせない、という点にあるようだ。

(55) 例えば、長や議会の解散等他の直接請求やさまざまな手段をも視野に入れた複合的かつ多様性を持った政策実現のための請求運動の重要性である。

(56) 他面議会の長からの自律性（与党会派が多数を占める場合においても）にも目を向ける必要はある。この点について、例えば、辻陽「日本の地方制度における首長と議会との関係についての一考察（二）・完」『法学論叢』一五二巻二号、二〇〇二年は、近畿府県の事例分析を通して有益な知見を提供する。

終章

制度改革のための手掛かり

結論として現行制度が有する欠陥を正し、直接請求の制約要因を取り除く最善の方法は、言うまでもなく請求する住民の側に立った法改正を行うことに他ならない。しかしながら第四章の請求事項に関する制約のところでも触れたように、住民に利するような（使いやすく効果的な）制度への法改正は、（なるべくなら請求に影響力を持たせたくない）地方六団体など自治体側の根強い抵抗があり、その実現の道のりは捗々しくない状況にある。

この終章では、ただ悲観的な現状を通り一遍に憂えて終わるのではなく、今後の制度改革の進め方を考えていく上で手掛かりになると思われる二つの話題を提供して終えることにしたい。どちらも現行制度が有する最大の欠陥とも言うべき「請求住民側に最終的な決定権が付与されていない」という点を、いわゆる間接イニシアティブの形で議会での否決後に住民投票を取り入れ、最終的な意思決定を住民の側にもたらし克服しようとする試みである。一つは既に複数の自治体で採用されている条例の制定改廃請求を常設の住民投票条例に結びつけ活用している事例で、もう一つは現行法の類似制度をモデルに条例の制定改廃請求と住民投票の接合を考えるものである。

1　常設型住民投票条例との接合

この試みは、おそらく現状考えうる最も現実的かつ漸進的な制度改革と言えるものではないだろうか。直接請求による条例案が議会で否決された後に、その自治体の有する常設の住民投票条例を使い、住民が最終的な判断（意思決定）を行えるようにするものである。その嚆矢は、二〇〇〇（平成一二）年制定の（愛知県）高浜市の高浜市住民投票条例である。[1]

その仕組みは、同条例三条の「住民投票の請求及び発議」に関する規定に続き、四条で「条例の制定又は改廃に係る市民請求の特例」の規定を設ける形をとる。具体的には、「条例の制定又は改廃に係る市民請求は、地方自治法第七四条第一項の規定による条例の制定又は改廃の請求を行った場合において、同条第三項の結果に不服があるときについてのみ行うことができる。[2]」という条文の内容である。

この規定が置かれることにより条例の制定改廃請求は、高浜市独自の常設の住民投票条例とうまく接合され、住民投票への途が拓かれるのである。現行制度が他制度との併用で実質的に間接イニシアティブにまで高められた事例である。この手法が生み出された経緯は判然としないが、住民自治に理解ある自治体の創意工夫に満ちたアイデアと言えるかもしれない。

ただ現在までのところこのような規定を置く常設型住民投票条例を有する自治体は、数えるほどしかない。筆者が管見する限りでは、（愛知県）高浜市のほかには、（北海道）遠軽町、（埼玉県）富士見市、上里町、美里町、鳩山町、（静岡県）南伊豆町、（鳥取県）八頭町、（高知県）東洋町の各住民投票条例で同様の規定を見つけることができる程度である（計九自治体[3]）。いずれも規定は三条「住民投票の請求及び発議」に続く四条に置かれ、条文の内容も高浜市のものと同じである。

制度を弄ることなく現行のまま他制度を併用し、その最大の欠陥とも言われる点（＝制約）を改善する注目すべき仕組みと言えるが、いくつか課題や限界も存在する。

一つめは、議会で否決後に改めて住民投票条例の仕組みに則って手続きを進めることになるため、住民にとっては非常にコスト（時間・労力）面で負担がかかるという点である。

二つめは、これは住民投票条例のオリジナリティ・自主性という面で興味深い点でもあるのだが、投票資格者、発議の要件、住民投票の成立要件など自治体間で住民投票の扱いに差が生じることである。法制度を任意の条例で補完する仕組みであるためだが、この点をどう捉えるかについては評価の分かれるところだろう。

因みに先に挙げたこの規定を有する自治体において、発議の要件だけをとって比べてみても、三分の一以上の連署を要するところが六自治体、五分の一以上の連署を要するところが二自治体、六分の一以上の連署を要するところが一自治体とばらつきが見られる。

三つめは、この仕組みの制度化・普及の難しさという点である。本書を通して扱ってきた条例制定の困難・制約が、ここにも顔を出してくるのである。いくら住民が間接イニシアティブにまで高めるこの制度を欲したとしても、議会側が不要と判断すれば住民投票条例にその規定を設けることはできない。加えてこれも繰り返しになるが、住民がこのような住民投票条例を直接請求しても、長や議会があらゆるプロセスにおいてその実効性を無力化することはいともたやすいことなのである。

そもそも常設型住民投票条例のように住民自治の充実を図る制度を有する自治体が現状まずもって少ない点を踏まえれば、その仕組みを取り入れることの難しさは容易に理解できるだろう[4]。しかしながら現行制度の枠内で制度の改善を図ろうとするこの試みは、次に紹介する正攻法とも言える法制度の改正に比べれば実現可能性という点ではかなり高く、今後の制度改革の議論において参考に資するところは大きいように思われる。

2　現行制度に住民投票を取り入れる――実現可能性の観点から構想する

現行制度に住民投票を取り入れることは、かなり険しい道のりであることは十分に承知しているが、あえて実現可能性という観点からそれを構想するならば、おそらく議会での否決後（「第一ラウンド」）に「第二ラウンド」として住民投票を課すやり方、すなわち間接イニシアティブの形で制度を設計することになるのではないかと思われる。要は第1節で見た高浜市住民投票条例の仕組みを現行制度に取り入れるのである。

この方法が住民投票の導入に否定的な首長や議員（議会）の抵抗感をいくらかでも和らげるのではないかと考える理由は、同様の方法が既に「市町村の合併の特例に関する法律」（以下「合併特例法」）で導入されているからである（同法四条、五条）。加えてこの合併特例法に定める「市町村合併に係る法定合併協議会設置の直接請求（以下「合併協議会の設置請求」）」に関する制度は、表終—1を見て貰えば分かるように、現在までのところ最終的な意思決定に住民投票を課している諸制度の中では、第一ラウンドにおける設置請求の署名数要件やその後の議会への付議といった点で条例の制定改廃請求と似通った点を有している。これらの点を踏まえるならば、合併協議会の設置請求の仕組みを基にして、条例の制定改廃請求の制度刷新を構想することが最も適当と考えるのである。

この「合併協議会の設置請求」の住民投票に係る部分は、国が〝平成の大合併〟を推進するさなか、二〇〇二（平成一四）年の合併特例法の改正により導入されたものである。表向きは住民自治の充実を図る制度とはいえ、国の企図する市町村合併の促進のためだけに設計されたこともあり、筆者を含めかねてより安易な市町村合併を憂慮する立場からは極めて不評を買う制度ではあった。[6]

表終-1　法律等を根拠に持つ住民投票

実施事項	根拠条文	概要	投票権者
議会の解散	地方自治法76～79条	有権者の総数の1/3以上（基本形）の連署による議会の解散の請求があった際に、住民投票を実施（投票で過半数の同意があったときは、解散）。	満18歳以上の者で引き続き3か月以上区域内に住所を有する者
議員・長の解職請求	地方自治法第80～85条他	有権者の総数の1/3以上（基本形）の連署による議員・長の解職請求があった際に、住民投票を実施（投票で過半数の同意があったときは、それぞれ解職）。	満18歳以上の者で引き続き3か月以上区域内に住所を有する者
一つの地方公共団体のみに適用される特別法に関する住民投票	日本国憲法95条、地方自治法261条、262条	憲法95条に基づき「一の地方公共団体のみに適用される特別法」の制定に当たって、住民投票を実施（法律の制定には過半数の同意が必要）。	満18歳以上の者で引き続き3か月以上区域内に住所を有する者
市町村合併に係る法定合併協議会設置の直接請求	合併特例法4条、5条	有権者の総数の1/50以上の連署による請求で付された合併協議会の設置に係る議案が議会で否決された場合に、長による住民投票に付する旨の請求又は有権者の1/6以上の請求により、住民投票を実施（投票で有効投票総数の過半数の同意があったときは、議会が可決したものとみなされる）。	満18歳以上の者で引き続き3か月以上区域内に住所を有する者
憲法改正に係る国民投票	憲法96条、憲法改正国民投票法	憲法第96条に基づき「各議員の総議員の3分の2以上の賛成で国会が発議」し、これに基づき国民投票を実施（投票で過半数の同意が必要）。	満18歳以上の日本国民
特別区の設置に係る住民投票	大都市地域特別区設置法7条、8条	指定都市と隣接自治体の人口の合計が200万人以上の地域において市町村を廃止し、特別区を設置する場合に住民投票を実施。投票率にかかわらず過半数の賛成で市町村は廃止され、特別区を設置できる。	満18歳以上の者で引き続き3か月以上区域内に住所を有する者

出典）総務省地方行財政検討会議第一分科会第7回資料3-1、3-2（http://www.soumu.go.jp/main_content/000087296.pdf 及び http://www.soumu.go.jp/main_content/000087297.pdf）を基に、大幅に加筆修正の上筆者が作成。

しかしながら採用の経緯はどうあれ、現行の条例の制定改廃請求と住民投票との接合を考える際には、その仕組み・組み立て方に関して見るべき点は多い。以下では四条に規定される「合併協議会の設置に係る住民投票」の仕組みを概略的に紹介し、「第二ラウンド」の住民投票に駒を進める際の署名数要件について、どのような経緯で設定されるに至ったのかを振り返っておくことにしよう。住民投票の請求に必要な署名数要件は、おそらく条例の制定改廃請求の法改正の場合においても議論の中心になりうる点であり、そのことからもこの点を押さえておくことは今後の議論の参考に資するものと思われるからである。

「市町村合併に係る法定合併協議会設置の直接請求に関する住民投票」の仕組み

制度の仕組みは、おおよそ次の通りである(7)(図終—1)。まず住民は、有権者総数の五〇分の一以上の連署をもって合併請求市町村の長に対し、合併協議会の設置を請求する。次に合併請求市町村の長から合併対象市町村の長に、合併協議会設置協議について議会に付議するか否かの意見を求める。合併対象市町村すべての長から議会に付議する旨の回答を得た場合には、合併請求市町村、合併対象市町村それぞれにおいて合併協議会設置協議について議会に付議する。そして、その際合併請求市町村の議会で否決し、かつ合併対象市町村の議会すべてで可決し、合併請求市町村の長からの住民投票の請求がなかったときは、有権者総数の六分の一以上の連署をもってその請求ができ、合併請求市町村の選挙管理委員会は合併協議会設置協議について住民投票を実施

図終-1　合併協議会の設置に係る住民投票

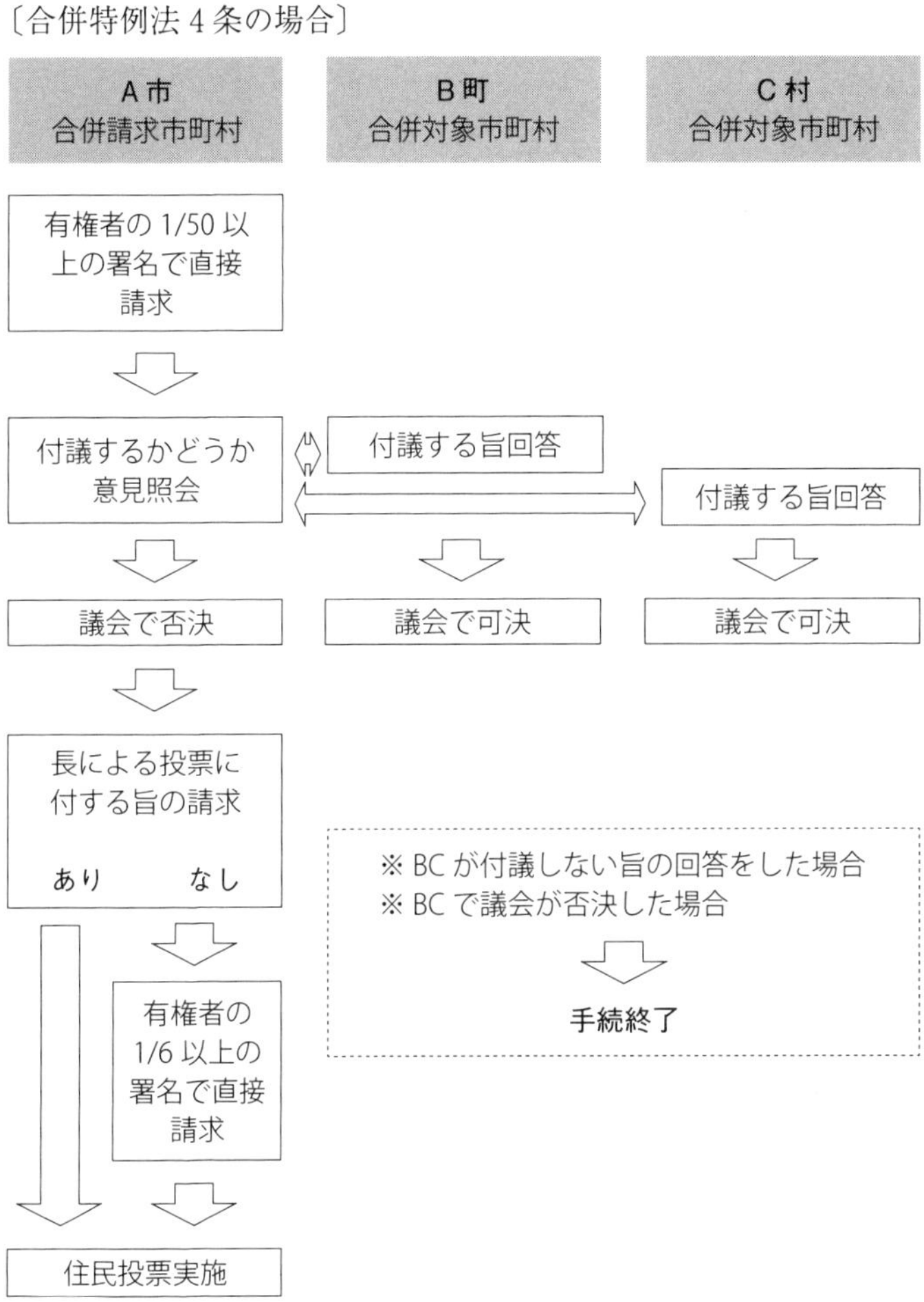

出典）総務省地方行財政検討会議第一分科会第7回資料3-2（http://www.soumu.go.jp/main_content/000087297.pdf）。一部表記を改めた。

する。

最終的に合併請求市町村における住民投票で有効投票総数の過半数の賛成が得られた時には、当該市町村の議会が可決したものと見做され合併協議会は設置されるに至る。

署名数要件の設定根拠

以上が四条に基づく制度の概略である。この制度に含まれる二つの署名数要件に関して、これまで第一ラウンドの合併協議会の設置請求に際しては、幅広く合併の議論が期待されており、また市町村合併そのものを求めるものではないことから比較的緩やかな署名数要件とされたことが[8]、また第二ラウンドの住民投票の請求に際しては、議会の議決に代わるものである故より厳格な署名数要件が必要とされる一方、長や議員の解職請求等のように身分の得喪に関わる事項ではないこと、また全国町村会、全国町村議長会の意見などを総合的に勘案した結果、長や議員の解職請求等が要する三分の一以上の署名数よりはやや緩い要件にされたことが[9]、それぞれ設定の根拠として説明づけられてきた。この点は国会審議の過程でも当時の総務副大臣が、当初一〇分の一以上の署名数要件で考えたこともあったが地方団体の意見を踏まえ六分の一以上に引き上げたことを答弁している[10]。

第一ラウンドで五〇分の一以上の署名数を要し、改めて第二ラウンドで六分の一以上の署名数を必要とするこの要件は、終章第1節の常設型住民投票条例と接合させた事例でも述べたところだが、住民側にとってかなりの負担を強いるものである。そこに明確な合理的根拠を見出すことはできず、個人的にはもう少し署名数要件のハードルは下げられてしかるべきではないかと考える。

しかし一方で、地方団体の要望を受けこのような厳しい署名数要件を課したからこそ住民投票制度は導入可能になったと見ることも可能であろう。合併協議会の設置という定まった単一の課題ではなく、さまざまな課題を対象とする条例の制定改廃請求の場合には、より一段と住民投票の設定要件に関し厳しい要望が寄せられるであろうことは想像に難くない。そのせめぎあい（攻防）の中で、「絵に描いた餅」（のように制度としては用意されているものの活用不可能なレベルの高すぎる署名数要件ではなく）に終わらせることなく、制度として活用可能な程度のハードル（適度な署名数要件）に持っていけるかが導入実現の鍵を握っていると言えよう。

いずれにしてもこの合併協議会の設置請求をモデルに仕組みを構想することで、条例の制定改廃請求と住民投票の接合はよりイメージしやすくなることは確かと思われる。

3　結び

取り上げてきた条例の制定改廃請求に係る論点や指摘の多くはこれまでも行われてきたもので

あり、その意味では屋上屋を重ねるものに過ぎないかもしれない。しかし、本書にあえて独自性を見出すとするならば、これまでバラバラになされてきた議論や論点を一つ所にまとめ整理（整序）した上で若干の検討を加えた点、さらには実現可能な制度改革の方向性を事例や試案をもって提示したことにあるのではないかと考えている。

最後に本書全体を通して筆者が主張したかった点を改めてここに記しておく。

わが国の地方自治体で採用されている住民参加制度のうち、最も住民が主体的かつ積極的に政策形成に影響を及ぼしうる制度（＝住民発意の政策立案制度）は条例の制定改廃請求に他ならない。その点から非常に魅力的な制度であると言えるが、現行制度は住民に制定の決定権が付与されていない点をはじめいくつもの根本的な欠陥を抱えているのも事実である。それら欠陥が直接請求の制約要因として作用し、これまで住民による条例制定運動の多くは議会で否決されたり、また制定運動の途上で潰えることを余儀なくさせられてきた。結果として制度発足以来のその制定率は、約一〇％程度という極端に低い数字に押し止められてきた。このことからも住民自治の拡充・深化という観点からは、早急にこれら制度の改善が求められている。

言うまでもなく問題解決に向けた最善の方法は、現行制度を法改正し刷新することである。しかしながら住民側に立った制度改革には、今なお地方六団体など自治体側に根強い抵抗感が残っており、その実現に向けてクリアすべきハードルは非常に高いと言わざるをえない。

そのような現況の中で、「住民に決定権を付与すること」すなわち最大の制約要因を是正する点に絞って制度改革の方途を構想するならば、現行制度に間接イニシアティブによる住民投票を付加する形が自治体側の抵抗感を和らげるという意味で最もベターな方法ではないかと思われる。その具体的な制度設計としては、二つの方法が検討に値する。一つは現行制度には手を加えず議会で否決された後、別途条例に基づく住民投票制度にリンクさせるもので、もう一つは現行制度の中に議会での否決後、所定の条件を満たした上で住民投票への道を拓く一文を盛り込むというものである。

いずれにしろ新たに条例制定や法改正を必要とするという意味においては、本書で論じてきたさまざまな制定に係る困難（直接請求の制約）を伴うが、前者の手法は既に取り入れている自治体も複数存在していること、また後者の手法も合併特例法の合併協議会の設置に関する住民投票制度で採用されている仕組みを援用することからも、漸進的な制度改革と言えあながち実現可能性が薄いようには思われない。

制度改革には、時機が重要な意味を持つ。それには政治的情勢と国民的世論が大きな役割を果たす。前者に関しては、自民党安倍政権下においても、一応地方分権改革の御旗はなお振られているようではある。後者に関しても住民投票条例に関する制定運動などの現況を見るにつけ、その土壌は十分に醸成されているように思える。

これらの点を汲むならば、本書で挙げた制度改革のための諸点――第一に住民に制定の決定権を付与すること、第二にすべての公共問題で請求可能であること、第三に実態に見合った合理的な署名数要件と署名収集期間の設定など――は、いずれも広く社会に受け入れやすい状況にあるのではないだろうか。

他方で十分留意しておくべき点は、住民発意の条例制定(ないしは改廃)がその目指すべきゴールではないということである。条例の制定改廃請求を含む住民参加制度の目指すべきゴール(=目標)は、あくまでも「住民としての満足度(その自治体における生きやすさ・生活しやすさ)」を高めることにある。従って、既存の住民参加制度の高次化はそのための絶えざる重要な作業であると共に、満足度を高める政策実現のためには時々に効果的かつ効率的な参加手法が柔軟に模索されてしかるべきである。

住民が利用(参加)したいときに利用(参加)できる制度が整っているということが、大切な点ではないだろうか(=住民参加制度の標準装備)。その意味からも制度の課題や限界をよく知悉した上で、なお住民参加の量的かつ質的拡大を可能な限り企図していく制度化の試みは、住民自治の深化という面で決して無意味なことではないと筆者は考える。

註

(1) 高浜市住民投票条例はその後数回の改正を重ね現行の条例は、二〇一七(平成二九)

年六月一日施行。この条例は首長提案によって制度化されたものであった。

(2) 高浜市住民投票条例の全文は以下で閲覧可能（http://www1.g-reiki.net/takahama/reiki_honbun/i529RG00000575.html)。なお本書末尾の資料編にも掲載。おそらく最も早い時期に直接請求との接合という点に注目し、この条例を評価した論稿として、野口暢子「高浜市住民投票条例」『政治学論集』一五号、二〇〇二年、七五―一〇九頁、がある。この中で野口は、「住民投票条例の制定改廃の直接請求が成立しにくい状況を鑑みるならば、『高浜市住民投票条例』の第四条は直接立法型住民投票について定めた画期的な条文であると言える」（九五頁）と述べている（引用文中に付された註は省いた）。この他同様の観点から同条例を評価する有益な論稿として、高橋秀行・森賢三「第八章 市民立法」高橋秀行・佐藤徹編『新説 市民参加［改訂版］』公人社、二〇一三年、二六三―二六四頁（高橋担当箇所）、がある。

(3)「管見」の範囲は、同志社大学の条例Webアーカイブデータベース（https://jorei.slis.doshisha.ac.jp/）を使って調べた限りによる。またなぜ埼玉県下で複数見られるのかは判然としない。

(4) 高浜市の常設型住民投票条例の場合提案者は市長であり、その点から進取の気性に富んだ条例の制度化やユニークな仕組みの採用などは、多く首長の意向やリーダーシップ如何によるということは言えるかもしれない。

(5) これまで条例の制定改廃請求に住民投票を付与し最終的な意思決定とする仕組みを検討した論稿には、例えば、野口暢子「補論 住民投票法（仮称）参考案の検討と残された課題」財団法人社会経済生産性本部総合企画部編『住民参加有識者会議報告書 住民投票制度化への論点と課題』二〇〇二年、四一―四六頁、がある。

（6） この制度はあくまでも住民に合併協議会の設置を認めるものであって、合併そのものの可否に関わる手段は認められておらず、また合併反対の住民には議会の合併決定に対し対抗する手段は何ら与えられていない。これらの点からも一方的に合併促進の手段としてのみ住民参加の道を拓くものであって、甚だしく公平性を欠いた制度になってしまっている。この問題点に関する検討としては、さしあたり本多滝夫「住民参加と市町村合併」『季刊自治と分権』五号、二〇〇一年、五二―六一頁、及び上田道明『自治を問う住民投票――抵抗型から自治型の運動へ――』自治体研究社、二〇〇三年、五八―九三頁を参照。

（7） 合併特例法では、二つの場合を想定して住民の直接請求による合併協議会の設置を可能にしている。本稿で取り上げているのは、その一つ「一の合併関係市町村（合併請求市町村）への合併協議会設置請求」（四条）である。なおこの四条の要約は、総務省地方行財政検討会議第一分科会資料三―二（http://www.soumu.go.jp/main_content/000087297.pdf）を基に大幅に加筆修正の上まとめたものである。

（8） 市町村自治研究会編『逐条解説 市町村合併特例法《改訂版》』ぎょうせい、二〇〇三年、七四頁。

（9） 市町村自治研究会編、前掲、八八頁。

（10） 島聡民主党議員（当時）の質問に対する遠藤和良総務副大臣（当時）の答弁。第一五一国会 衆議院予算委員会第二分科会第一号（平成一三年三月一日）の議事録による（http://www.shugiin.go.jp/internet/itdb_kaigiroku.nsf/html/kaigiroku/003215120010301001.htm）。

全国町村会は、二〇〇一（平成一三）年二月総務省に対し住民投票制度導入に関する申し入れを行い、そこでは総務省の説明にあった一〇分の一以上の署名による住民投票の実施案を引き上げ、六分の一から五分の一にすることを求めている。全国町村会「市町村合併特例法の改正について申し入れ」二〇〇一（平成一三）年二月二二日（http://www.zck.or.jp/site/activities/4278.html）。

資料編

※特に本文と関わり深い箇所は、筆者が傍線を付した。

地方自治法（抜粋）

昭和二十二年法律第六十七号

第五章　直接請求

第一節　条例の制定及び監査の請求

第七十四条　普通地方公共団体の議会の議員及び長の選挙権を有する者（以下この編において「選挙権を有する者」という。）は、政令で定めるところにより、その総数の五十分の一以上の者の連署をもつて、その代表者から、普通地方公共団体の長に対し、条例（地方税の賦課徴収並びに分担金、使用料及び手数料の徴収に関するものを除く。）の制定又は改廃の請求をすることができる。

2　前項の請求があつたときは、当該普通地方公共団体の長は、直ちに請求の要旨を公表しなければならない。

3　普通地方公共団体の長は、第一項の請求を受理した日から二十日以内に議会を招集し、意見を付けてこれを議会に付議し、その結果を同項の代表者（以下この条において「代表者」という。）に通知するとともに、これを公表しなければならない。

4　議会は、前項の規定により付議された事件の審議を行うに当たつては、政令で定めるところにより、代表者に意見を述べる機会を与えなければならない。

5　第一項の選挙権を有する者とは、公職選挙法（昭和二十五年法律第百号）第二十二条第一項又は第三項の規定による選挙人名簿の登録が行われた日において選挙人名簿に登録されている者とし、その総数の五十分の一の数は、当該普通地方公共団体の選挙管理委員会において、その登録が行われた日後直ちに告示しなければならない。

6　選挙権を有する者のうち次に掲げるものは、代表者となり、又は代表者であることができない。

一　公職選挙法第二十七条第一項又は第二項の規定により選挙人名簿にこれらの項の表示をされている者（都道府県に係る請求にあつては、同法第九条第三項の規定により当該都道府県の議会の議員及び長の選挙権を有するものとされた者（同法第十一条第一項若しくは第二百五十二条又は政治資金規正法（昭和二十三年法律第百九十四号）第二十八条の規定により選挙権を有しなくなつた旨の表示をされている者を除く。）を除く。）

二　前項の選挙人名簿の登録が行われた日以後に公職選挙法第二十八条の規定により選挙人名簿から抹消された者

三　第一項の請求に係る普通地方公共団体（当該普通地方公共団体が、都道府県である場合には当該都道府県の区域内の市町村並びに第二百五十二条の十九第一項に規定する指定都市（以下この号において「指定都市」という。）の区及び総合区を含み、指定都市である場合には当該市の区及び総合区を含む。）の選挙管理委員会の委員又は職員である者

7　第一項の場合において、当該地方公共団体の区域内で衆議院議員、参議院議員又は地方公共団体の議会の議員若しくは長の選挙が行われることとなるときは、政令で定める期間、当該選挙が行われる区域内においては請求のための署名を求めることができない。

8　選挙権を有する者は、心身の故障その他の事由により条例の制定又は改廃の請求者の署名簿に署名することができないときは、その者の属する市町村の選挙権を有する者（代表者及び代表者の委任を受けて当該市町村の選挙権を有する者に対し当該署名簿に署名することを求める者を除く。）に委任して、自己の氏名（以下「請求者の氏名」という。）を当該署名簿に記載させることができる。この場合において、委任を受けた者による当該請求者の氏名の記載は、第一項の規定による請求者の署名とみなす。

9　前項の規定により委任を受けた者（以下「氏名代筆者」という。）が請求者の氏名を条例の制定又は改廃の請求者の署名簿に記載する場合には、氏名代筆者は、当該署名簿に氏名代筆者としての署名をしなければならない。

第七十四条の二　条例の制定又は改廃の請求者の代表者は、条例の制定又は改廃の請求者の署名簿を市町村の選挙管理委員会に提出してこれに署名し印をおした者が選挙人名簿に登録された者であることの証

明を求めなければならない。この場合においては、当該市町村の選挙管理委員会は、その日から二十日以内に審査を行い、署名の効力を決定し、その旨を証明しなければならない。

2　市町村の選挙管理委員会は、前項の規定による署名簿の署名の証明が終了したときは、その日から七日間、その指定した場所において署名簿を関係人の縦覧に供さなければならない。

3　前項の署名簿の縦覧の期間及び場所については、市町村の選挙管理委員会は、予めこれを告示し、且つ、公衆の見易い方法によりこれを公表しなければならない。

4　署名簿の署名に関し異議があるときは、関係人は、第二項の規定による縦覧期間内に当該市町村の選挙管理委員会にこれを申し出ることができる。

5　市町村の選挙管理委員会は、前項の規定による異議の申出を受けた場合においては、その申出を受けた日から十四日以内にこれを決定しなければならない。この場合において、その申出を正当であると決定したときは、直ちに第一項の規定による証明を修正し、その旨を申出人及び関係人に通知し、併せてこれを告示し、その申出を正当でないと決定したときは、直ちにその旨を申出人に通知しなければならない。

6　市町村の選挙管理委員会は、第二項の規定による縦覧期間内に関係人の異議の申出がないとき、又は前項の規定によるすべての異議についての決定をしたときは、その旨及び有効署名の総数を告示するとともに、署名簿を条例の制定又は改廃の請求者の代表者に返付しなければならない。

7　都道府県の条例の制定又は改廃の請求者の署名簿の署名に関し第五項の規定による決定に不服がある者は、その決定のあつた日から十日以内に都道府県の選挙管理委員会に審査を申し立てることができる。

8　市町村の条例の制定又は改廃の請求者の署名簿の署名に関し第五項の規定による決定に不服がある者は、その決定のあつた日から十四日以内に地方裁判所に出訴することができる。その判決に不服がある者は、控訴することはできないが最高裁判所に上告することができる。

9　第七項の規定による審査の申立てに対する裁決に不服がある者は、その裁決書の交付を受けた日から十四日以内に高等裁判所に出訴することができる。
10　審査の申立てに対する裁決又は判決が確定したときは、当該都道府県の選挙管理委員会又は当該裁判所は、直ちに裁決書又は判決書の写を関係市町村の選挙管理委員会に送付しなければならない。この場合においては、送付を受けた当該市町村の選挙管理委員会は、直ちに条例の制定又は改廃の請求者の代表者にその旨を通知しなければならない。
11　署名簿の署名に関する争訟については、審査の申立てに対する裁決は審査の申立てを受理した日から二十日以内にこれをするものとし、訴訟の判決は事件を受理した日から百日以内にこれをするように努めなければならない。
12　第八項及び第九項の訴えは、当該決定又は裁決をした選挙管理委員会の所在地を管轄する地方裁判所又は高等裁判所の専属管轄とする。
13　第八項及び第九項の訴えについては、行政事件訴訟法（昭和三十七年法律第百三十九号）第四十三条の規定にかかわらず、同法第十三条の規定を準用せず、また、同法第十六条から第十九条までの規定は、署名簿の署名の効力を争う数個の請求に関してのみ準用する。

第七十四条の三　条例の制定又は改廃の請求者の署名で左に掲げるものは、これを無効とする。
一　法令の定める成規の手続によらない署名
二　何人であるかを確認し難い署名
2　前条第四項の規定により詐偽又は強迫に基く旨の異議の申出があつた署名で市町村の選挙管理委員会がその申出を正当であると決定したものは、これを無効とする。
3　市町村の選挙管理委員会は、署名の効力を決定する場合において必要があると認めるときは、関係人の出頭及び証言を求めることができる。
4　第百条第二項、第三項、第七項及び第八項の規定は、前項の規定による関係人の出頭及び証言にこれを準用する。

第七十四条の四　条例の制定又は改廃の請求者の署名に関し、次の各号に掲げる行為をした者は、四年以下の懲役若しくは禁錮《こ》又は百万円以下の罰金に処する。

一　署名権者又は署名運動者に対し、暴行若しくは威力を加え、又はこれをかどわかしたとき。

二　交通若しくは集会の便を妨げ、又は演説を妨害し、その他偽計詐術等不正の方法をもつて署名の自由を妨害したとき。

三　署名権者若しくは署名運動者又はその関係のある社寺、学校、会社、組合、市町村等に対する用水、小作、債権、寄附その他特殊の利害関係を利用して署名権者又は署名運動者を威迫したとき。

2　条例の制定若しくは改廃の請求者の署名を偽造し若しくはその数を増減した者又は署名簿その他の条例の制定若しくは改廃の請求に必要な関係書類を抑留、毀《き》壊若しくは奪取した者は、三年以下の懲役若しくは禁錮《こ》又は五十万円以下の罰金に処する。

3　条例の制定又は改廃の請求者の署名に関し、選挙権を有する者の委任を受けずに又は選挙権を有する者が心身の故障その他の事由により請求者の署名簿に署名することができないときでないのに、氏名代筆者として請求者の氏名を請求者の署名簿に記載した者は、三年以下の懲役若しくは禁錮又は五十万円以下の罰金に処する。

4　選挙権を有する者が心身の故障その他の事由により条例の制定又は改廃の請求者の署名簿に署名することができない場合において、当該選挙権を有する者の委任を受けて請求者の氏名を請求者の署名簿に記載した者が、当該署名簿に氏名代筆者としての署名をせず又は虚偽の署名をしたときは、三年以下の懲役若しくは禁錮又は五十万円以下の罰金に処する。

5　条例の制定又は改廃の請求者の署名に関し、次に掲げる者が、その地位を利用して署名運動をしたときは、二年以下の禁錮《こ》又は三十万円以下の罰金に処する。

一　国若しくは地方公共団体の公務員又は行政執行法人（独立行政法人通則法（平成十一年法律第百三号）第二条第四項に規定する行政執行法人をいう。）若しくは特定地方独立行政法人（地方独立行政法人法（平成十五年法律第百十八号）第二条第二項に規定する特定地方独立行政法人をいう。）

の役員若しくは職員

二　沖縄振興開発金融公庫の役員又は職員

6　条例の制定又は改廃の請求に関し、政令で定める請求書及び請求代表者証明書を付していない署名簿、政令で定める署名を求めるための請求代表者の委任状を付していない署名簿その他法令の定める所定の手続によらない署名簿を用いて署名を求めた者又は政令で定める署名を求めることができる期間外の時期に署名を求めた者は、十万円以下の罰金に処する。

地方自治法施行令（抜粋）

（昭和二十二年政令第十六号）

施行日：平成三十一年四月一日

第九十二条

3　前二項の署名及び印は、前条第二項の規定による告示があつた日から都道府県及び指定都市にあつては二箇月以内、指定都市以外の市町村にあつては一箇月以内でなければこれを求めることができない。ただし、地方自治法第七十四条第七項の規定により署名を求めることができないこととなつた区域においては、その期間は、同項の規定により署名を求めることができないこととなつた期間を除き、前条第二項の規定による告示があつた日から都道府県及び指定都市にあつては六十二日以内、指定都市以外の市町村にあつては三十一日以内とする。

高浜市住民投票条例（抜粋）

平成一四年七月九日　条例第三三号

高浜市住民投票条例（平成一二年高浜市条例第四一号）の全部を改正する。

（目的）

第一条　この条例は、高浜市自治基本条例（平成二二年高浜市条例第二四号）第一四条の規定に基づき、市政運営上の重要事項に係る意思決定について、市民による直接投票（以下「住民投票」という。）の制度を設けることにより、これによって示された市民の総意を市政に的確に反映し、もって公正で民主的な市政の運営及び市民の福祉の向上を図るとともに、市民と行政の協働によるまちづくりを推進することを目的とする。（平二四条例二二・一部改正）

（定義）

第二条　この条例において「市政運営上の重要事項」とは、市が行う事務のうち、市民に直接その賛否を問う必要があると認められる事案であって、市及び市民全体に直接の利害関係を有するものをいう。ただし、次に掲げる事項を除く。

（1）　市の権限に属さない事項

（2）　議会の解散その他法令の規定に基づき住民投票を行うことができる事項

（3）　もっぱら特定の市民又は地域にのみ関係する事項

（4）　市の組織、人事及び財務に関する事項

（5）　前各号に定めるもののほか、住民投票に付することが適当でないと明らかに認められる事項

（住民投票の請求及び発議）

第三条　投票資格者名簿の登録が行われた日において当該投票資格者名簿に登録されている者は、市政運営上の重要事項について、その総数の三分の一以上の者の連署をもって、その代表者から、市長に対して書面により住民投票を請求することができる。

2　投票資格者名簿に登録されている者のうち高浜市選挙管理委員会（以下「選挙管理委員会」という。）の委員又は職員であるものは、前項の代表者となることができない。

3　第一項に規定する署名に関する手続等は、地方自治法（昭和二二年法律第六七号）第七四条第七項から第九項まで、第七四条の二第一項から第六項まで及び第七四条の三第一項から第三項までの規定の例によるものとする。

4　市議会は、議員の定数の一二分の一以上の者の賛成を得て議員提案され、かつ、出席議員の過半数の賛成により議決された市政運営上の重要事項について、市長に対して書面により住民投票を請求することができる。

5　市長は、市政運営上の重要事項について、自ら住民投票を発議することができる。

6　市長は、第一項の規定による市民からの請求（以

下「市民請求」という。）若しくは第四項の規定による議会からの請求（以下「議会請求」という。）があったとき、又は前項の規定により自ら住民投票を発議したときは、直ちにその要旨を公表するとともに、選挙管理委員会の委員長にその旨を通知しなければならない。

7　市長は、住民投票に係る市民請求又は議会請求があったときは、その請求の内容が前条各号の規定に該当する場合を除き、住民投票の実施を拒否することができないものとする。（平一三条例二二・平二九条例二・一部改正）

（条例の制定又は改廃に係る市民請求の特例）

第四条　条例の制定又は改廃に係る市民請求は、地方自治法第七四条第一項の規定による条例の制定又は改廃の請求を行った場合において、同条第三項の結果に不服があるときについてのみ行うことができる。

（住民投票の形式）

第五条　第三条に規定する市民請求、議会請求及び市長の発議（以下「市民請求等」という。）による住民投票に係る事案は、二者択一で賛否を問う形式のものとして請求又は発議されたものでなければならない。

（住民投票の執行）

第六条　住民投票は、市長が執行するものとする。

2　市長は、地方自治法第一八〇条の二の規定に基づき、協議により、その権限に属する住民投票の管理及び執行に関する事務を選挙管理委員会に委任するものとする。

（選挙管理委員会の事務）

第七条　選挙管理委員会は、前条第二項の規定により委任を受けた住民投票の管理及び執行に関する事務を行うものとする。

（投票資格者）

第八条　住民投票の投票権を有する者（以下「投票資格者」という。）は、次の各号のいずれかに該当する者とする。

（1）　年齢満一八年以上の日本国籍を有する者で、引き続き三月以上高浜市に住所を有するもの

（2）　年齢満一八年以上の永住外国人で、引き続き三月以上高浜市に住所を有するもの

2　前項第二号に規定する「永住外国人」とは、次の各号のいずれかに該当する者をいう。
(1)　出入国管理及び難民認定法（昭和二六年政令第三一九号）別表第2の上欄の永住者の在留資格をもって在留する者
(2)　日本国との平和条約に基づき日本の国籍を離脱した者等の出入国管理に関する特例法（平成三年法律第七一号）に定める特別永住者
第九条（略）
（被登録資格）
第一〇条　投票資格者名簿の登録は、年齢満一八年以上の日本国籍を有する者又は永住外国人で、高浜市の住民票が作成された日（他の市町村から高浜市に住所を移した者で住民基本台帳法（昭和四二年法律第八一号）に基づき届出をしたものについては、当該届出をした日）から引き続き三月以上高浜市の住民基本台帳に記録されているもの（以下この条において「被登録資格者」という。）について行うものとする。ただし、永住外国人については、被登録資格者のうち規則で定めるところにより、文書で選挙管理委員会に登録の申請をした者に限る。（平二四条例一・全改）
第一一条～第一二条（略）
（住民投票の期日）
第一三条　住民投票の期日（以下「投票日」という。）は、選挙管理委員会に対して第三条第六項の規定による通知があった日から起算して六〇日を経過した日から最も近い日曜日（以下「指定日」という。）とする。ただし、当該指定日に衆議院議員若しくは参議院議員の選挙、愛知県の議会の議員若しくは長の選挙又は高浜市の議会の議員若しくは長の選挙が行われるときその他選挙管理委員会が特に必要があると認めるときは、投票日を変更することができる。
2　選挙管理委員会は、前項の規定により投票日を確定したときは、当該投票日その他必要な事項を当該投票日の七日前までに告示しなければならない。
（平二三条例二一・一部改正）
第一四条～第一六条（略）
（投票の方法）
第一七条　住民投票は、一人一票の投票とし、秘密投票とする。

2　住民投票の投票を行う投票資格者（以下「投票人」という。）は、事案に賛成するときは投票用紙の賛成欄に、反対するときは投票用紙の反対欄に自ら○の記号を記載しなければならない。

3　前項及び第二〇条第四号の規定にかかわらず、身体の故障その他の理由により、自ら投票用紙に○の記号を記載することができない投票人は、投票管理者に申請し、代理投票をすることができる。（平一六条例八・一部改正）

第一八条～第二〇条（略）

（情報の提供）

第二一条　選挙管理委員会は、第一三条第二項の規定による住民投票の告示の日から当該住民投票の投票日の二日前までに、当該住民投票に係る請求又は発議の内容の趣旨及び同項に規定する告示の内容その他住民投票に関し必要な情報を公報その他適当な方法により、投票資格者に対して提供するものとする。

2　市長は、住民投票の告示の日から投票日の前日までの間、当該住民投票に係る請求又は発議の内容を記載した文書の写し及び請求又は発議の事案に係る計画案その他行政上の資料で公開することができるものについて、一般の縦覧に供するものとする。

3　前二項に定めるもののほか、市長は、必要に応じて公開討論会、シンポジウムその他住民投票に係る情報の提供に関する施策を実施することができる。

（投票運動）

第二二条　住民投票に関する投票運動は、自由とする。ただし、買収、脅迫等市民の自由な意思が拘束され、又は不当に干渉されるものであってはならない。

（住民投票の成立要件等）

第二三条　住民投票は、一の事案について投票した者の総数が当該住民投票の投票資格者数の二分の一に満たないときは、成立しないものとする。この場合においては、開票作業その他の作業は行わない。

2　住民投票の結果は、有効投票総数の過半数をもって決するものとする。

（投票結果の告示等）

第二四条　選挙管理委員会は、前条第一項の規定により住民投票が成立しなかったとき、又は住民投票が成立し、投票結果が確定したときは、直ちにこれを告示するとともに、当該告示の内容を市長及び市議会議長に報告しなければならない。

2　市長は、市民請求に係る住民投票について、前項の規定により選挙管理委員会から報告があったときは、その内容を直ちに当該市民請求に係る代表者に通知しなければならない。

（投票結果の尊重）

第二五条　市民、市議会及び市長は、住民投票の結果を尊重しなければならない。

第二六条以下（略）

市町村の合併の特例に関する法律（抜粋）

平成十六年法律第五十九号

（合併協議会設置の請求）

第四条　選挙権を有する者（市町村の議会の議員及び長の選挙権を有する者（公職選挙法（昭和二十五年法律第百号）第二十二条第一項又は第三項の規定による選挙人名簿の登録が行われた日において選挙人名簿に登録されている者をいう。）をいう。以下同じ。）は、政令で定めるところにより、その総数の五十分の一以上の者の連署をもって、その代表者から、市町村の長に対し、当該市町村が行うべき市町村の合併の相手方となる市町村（以下この条及び第五条の二第一項において「合併対象市町村」という。）の名称を示し、合併協議会を置くよう請求することができる。

2　前項の規定による請求があったときは、当該請求があった市町村（以下この条及び第五条の二第一項において「合併請求市町村」という。）の長は、直ちに、請求の要旨を公表するとともに、合併対象市町村の長に対し、これを通知し、当該請求に基づく合併協議会に係る地方自治法第二百五十二条の二の二第一項の協議（以下この条において「合併協議会設置協議」という。）について議会に付議するか否かの意見を求めなければならない。この場合において、合併請求市町村の長は、当該意見を求めた旨を合併請求市町村を包括する都道府県の知事に報告しなければならない。

3　合併対象市町村の長は、前項の意見を求められた日から九十日以内に、合併請求市町村の長に対し、合併協議会設置協議について議会に付議するか否かを回答しなければならない。

4　合併請求市町村の長は、すべての合併対象市町村の長から前項の規定による回答を受理したときは、直ちに、その結果を合併対象市町村の長及び第一項の代表者に通知するとともに、これを公表し、かつ、合併請求市町村を包括する都道府県の知事に報告しなければならない。

5　前項のすべての回答が合併協議会設置協議についての議会に付議する旨のものであった場合には、合併請求市町村の長にあっては同項の規定による合併対象市町村の長への通知を発した日から六十日以内に、合併対象市町村の長にあっては同項の規定による通知を受けた日から六十日以内に、それぞれ議会を招集し、合併協議会設置協議について議会に付議しなければならない。この場合において、合併請求市町村の長は、その意見を付けなければならない。

6　合併請求市町村の議会は、前項の規定により付議された事件の審議を行うに当たっては、政令で定めるところにより、第一項の代表者に意見を述べる機会を与えなければならない。

7　合併対象市町村の長は、第五項の規定による議会の審議の結果を合併請求市町村の長に速やかに通知しなければならない。

8　合併請求市町村の長は、合併請求市町村における第五項の規定による議会の審議の結果及び前項の規定により通知を受けた合併対象市町村における議会の審議の結果を、合併対象市町村の長及び第一項の代表者に通知するとともに、これを公表し、かつ、合併請求市町村を包括する都道府県の知事に報告しなければならない。

9　第五項の規定による議会の審議により、合併協議会設置協議について、すべての合併対象市町村の議会がこれを否決し、かつ、すべての合併請求市町村の議会がこれを可決した場合には、合併請求市町村の長は、合併請求市町村の議会が否決した日又はすべての合併対象市町村の長から第七項の規定による通知を受けた日のうちいずれか遅い日（以下この条において

「基準日」という。）以後直ちに、基準日を合併対象市町村の長及び第一項の代表者に通知するとともに、これを公表し、かつ、合併請求市町村を包括する都道府県の知事に報告しなければならない。

10　前項に規定する場合には、合併請求市町村の長は、基準日から十日以内に限り、選挙管理委員会に対し、合併協議会設置協議について選挙人の投票に付するよう請求することができる。この場合において、合併請求市町村の長は、当該請求を行った日から三日以内に、その旨を合併対象市町村の長及び第一項の代表者に通知するとともに、これを公表し、かつ、合併請求市町村を包括する都道府県の知事に報告しなければならない。

11　第九項に規定する場合において、基準日から十三日以内に前項後段の規定による公表がなかったときは、選挙権を有する者は、政令で定めるところにより、その総数の六分の一以上の者の連署をもって、その代表者から、合併請求市町村の選挙管理委員会に対し、合併協議会設置協議について選挙人の投票に付するよう請求することができる。

12　前項の規定による請求があったときは、合併請求市町村の選挙管理委員会は、直ちに、その旨を公表するとともに、第一項の代表者及び合併請求市町村の長に対し、これを通知しなければならない。

13　前項の規定により通知を受けた合併請求市町村の長は、直ちに、その旨を合併対象市町村の長に通知するとともに、合併請求市町村を包括する都道府県の知事に報告しなければならない。

14　第十項前段又は第十一項の規定による請求があったときは、合併請求市町村の選挙管理委員会は、政令で定めるところにより、合併協議会設置協議について選挙人の投票に付さなければならない。

15　合併請求市町村の選挙管理委員会は、前項の規定による投票の結果が判明したときは、これを第一項の代表者（第十一項の規定による請求があった場合には、第一項及び第十一項の代表者）及び合併請求市町村の長に通知するとともに、公表しなければならない。その投票の結果が確定したときも、また、同様とする。

16　前項の規定により通知を受けた合併請求市町村の

長は、その結果を合併対象市町村の長に通知するとともに、合併請求市町村を包括する都道府県の知事に報告しなければならない。

17　第十四項の規定による投票において、合併協議会設置協議について有効投票の総数の過半数の賛成があったときは、合併協議会設置協議について合併請求市町村の議会が可決したものとみなす。

18　合併請求市町村及びすべての合併対象市町村の議会が合併協議会設置協議について可決した（前項の規定により可決したものとみなされた場合を含む。）場合には、合併請求市町村及びすべての合併対象市町村は、合併協議会設置協議により規約を定め、合併協議会を置くものとする。

19　前項の規定により合併協議会が置かれた場合には、合併請求市町村の長は、その旨及び当該合併協議会の規約を第一項の代表者（第十一項の規定による請求があった場合には、第一項及び第十一項の代表者）に通知しなければならない。

20　合併請求市町村を包括する都道府県と合併対象市町村を包括する都道府県が異なる場合には、合併請求市町村を包括する都道府県の知事は、第二項後段、第四項、第八項、第九項、第十項後段、第十三項及び第十六項の規定による報告を受けたときは、その内容を合併対象市町村を包括する都道府県の知事に通知しなければならない。

第五条　合併協議会を構成すべき関係市町村（以下この条及び次条第二項において「同一請求関係市町村」という。）の選挙権を有する者は、政令で定めるところにより、他の同一請求関係市町村の選挙権を有する者がこの項の規定により行う合併協議会の設置の請求と同一の内容であることを明らかにして、その総数の五十分の一以上の者の連署をもって、その代表者から、同一請求関係市町村の長に対し、当該同一請求関係市町村が行うべき市町村の合併の相手方となる他の同一請求関係市町村の名称を示し、合併協議会を置くよう請求することができる。

2　前項の規定による請求を行う場合には、全ての同一請求関係市町村の同項の代表者は、あらかじめ、政令で定めるところにより、これらの者が代表者となるべき同項の規定による合併協議会の設置の請求が同一の内容であることについて、同一請求関係市町村を包括する都道府県の知事の確認を得なければならない。

3　第一項の規定による請求があったときは、当該請求があった同一請求関係市町村の長は、直ちに、当該請求の要旨を公表するとともに、当該同一請求関係市町村を包括する都道府県の知事に対し、これを報告しなければならない。

4　同一請求関係市町村を包括する都道府県の知事は、全ての同一請求関係市町村の長から前項の規定による報告を受けたときは、その旨を全ての同一請求関係市町村の長に通知しなければならない。

5　前項の規定により通知を受けた同一請求関係市町村の長は、直ちに、その旨を第一項の代表者に通知するとともに、これを公表しなければならない。

6　第四項の規定により通知を受けた同一請求関係市町村の長は、当該通知を受けた日から六十日以内に、それぞれ議会を招集し、第一項の規定による請求に基づく合併協議会に係る地方自治法第二百五十二条の二の二第一項の協議（以下この条において「同一請求に基づく合併協議会設置協議」という。）について、議会にその意見を付して付議しなければならない。

7　同一請求関係市町村の議会は、前項の規定により付議された事件の審議を行うに当たっては、政令で定めるところにより、第一項の代表者に意見を述べる機会を与えなければならない。

8　同一請求関係市町村の長は、第六項の規定による議会の審議の結果を、速やかに、第一項の代表者に通知するとともに、これを公表し、かつ、当該同一請求関係市町村を包括する都道府県の知事に報告しなければならない。

9　同一請求関係市町村を包括する都道府県の知事は、すべての同一請求関係市町村の長から前項の規定による報告を受けたときは、直ちに、その結果及びすべての同一請求関係市町村の長から同項の規定による報告を受けた日（以下この条において「基準日」という。）をすべての同一請求関係市町村の長に通知しなければならない。

10　前項の規定により通知を受けた同一請求関係市町

村の長は、直ちに、その旨を第一項の代表者に通知するとともに、これを公表しなければならない。

11　第六項の規定による議会の審議により、その議会が同一請求に基づく合併協議会設置協議について否決した同一請求関係市町村（以下この条において「合併協議会設置協議否決市町村」という。）の長は、基準日から十日以内に限り、選挙管理委員会に対し、同一請求に基づく合併協議会設置協議について選挙人の投票に付するよう請求することができる。この場合において、当該合併協議会設置協議否決市町村の長は、当該請求を行った日から三日以内に、その旨を第一項の代表者に通知するとともに、これを公表し、かつ、当該請求を行った日から三日以内に到達するように、当該合併協議会設置協議否決市町村を包括する都道府県の知事に報告しなければならない。

12　合併協議会設置協議否決市町村を包括する都道府県の知事は、基準日の翌日から起算して十三日を経過した日以後速やかに、すべての合併協議会設置協議否決市町村に係る前項後段の規定による報告の有無をすべての同一請求関係市町村の長に通知しなければならない。

13　前項の規定により通知を受けた同一請求関係市町村の長は、直ちに、その旨を第一項の代表者に通知するとともに、これを公表しなければならない。

14　第十二項の規定による通知がすべての合併協議会設置協議否決市町村の長から第十一項後段の規定による報告があった旨のものであった場合には、合併協議会設置協議否決市町村の長は、直ちに、その旨を選挙管理委員会に通知しなければならない。

15　合併協議会設置協議否決市町村において、基準日から十三日以内に第十一項後段の規定による公表がなかったときは、選挙権を有する者は、政令で定めるところにより、その総数の六分の一以上の者の連署をもって、その代表者から、当該合併協議会設置協議否決市町村の選挙管理委員会に対し、同一請求に基づく合併協議会設置協議について選挙人の投票に付するよう請求することができる。

16　前項の規定による請求があったときは、合併協議会設置協議否決市町村の選挙管理委員会は、直ちに、その旨を公表するとともに、第一項の代表者及び当該合併協議会設置協議否決市町村の長に対し、これを通知しなければならない。

17　前項の規定により通知を受けた合併協議会設置協議否決市町村の長は、直ちに、その旨を当該合併協議会設置協議否決市町村を包括する都道府県の知事に報告しなければならない。

18　合併協議会設置協議否決市町村を包括する都道府県の知事は、第十一項後段の規定による報告をしなかったすべての合併協議会設置協議否決市町村の長から前項の規定による報告を受けたときは、直ちに、その旨をすべての同一請求関係市町村の長に通知しなければならない。

19　前項の規定により通知を受けた合併協議会設置協議否決市町村の長は、直ちに、その旨を第一項の代表者（第十五項の規定による請求があった場合には、第一項及び第十五項の代表者）及び選挙管理委員会に通知するとともに、これを公表しなければならない。

20　第十八項の規定により通知を受けた合併協議会設置協議否決市町村以外の同一請求関係市町村の長は、その旨を第一項の代表者に通知するとともに、これを公表しなければならない。

21　第十四項又は第十九項の規定による通知があったときは、合併協議会設置協議否決市町村の選挙管理委員会は、政令で定めるところにより、同一請求に基づく合併協議会設置協議について選挙人の投票に付さなければならない。

22　合併協議会設置協議否決市町村の選挙管理委員会は、前項の投票の結果が判明したときは、これを第一項の代表者（第十五項の規定による請求があった場合には、第一項及び第十五項の代表者）及び当該合併協議会設置協議否決市町村の長に通知するとともに、公表しなければならない。その投票の結果が確定したときも、また、同様とする。

23　前項の規定により通知を受けた合併協議会設置協議否決市町村の長は、その結果を当該合併協議会設置協議否決市町村を包括する都道府県の知事に報告しなければならない。

24　合併協議会設置協議否決市町村を包括する都道府

県の知事は、すべての合併協議会設置協議否決市町村の長から前項の規定による報告を受けたときは、その結果をすべての同一請求関係市町村の長に通知しなければならない。

25　前項の規定により通知を受けた同一請求関係市町村の長は、その結果を第一項の代表者（第十五項の規定による請求があった場合には、第一項及び第十五項の代表者）に通知するとともに、これを公表しなければならない。

26　第二十一項の規定による投票において、同一請求に基づく合併協議会設置協議について有効投票の総数の過半数の賛成があったときは、同一請求に基づく合併協議会設置協議について合併協議会設置協議否決市町村の議会が可決したものとみなす。

27　すべての同一請求関係市町村の議会が同一請求に基づく合併協議会設置協議について可決した（前項の規定により可決したものとみなされた場合を含む。）場合には、すべての同一請求関係市町村は、当該同一請求に基づく合併協議会設置協議により規約を定め、合併協議会を置くものとする。

28　前項の規定により合併協議会が置かれた場合には、同一請求関係市町村の長は、その旨及び当該合併協議会の規約を第一項の代表者（第十五項の規定による請求があった場合には、第一項及び第十五項の代表者）に通知しなければならない。

29　すべての同一請求関係市町村が一の都道府県の区域に属さない場合における措置その他第一項の規定による合併協議会の設置の請求に関し必要な事項は、政令で定める。

30〜33（略）

小平市住民投票条例関連

①住民による小平市条例制定請求書に記載の「請求の要旨」

「この請求は、東京都の小平都市計画道路3・2・8号府中所沢線計画について、住民参加により計画案を見直すべきか、それとも計画案の見直しは必要ないかについて小平市民の意向を確認することを目的としています。

この計画は、小平市の貴重な緑である小平中央公園の雑木林の約半分を消失させ、玉川上水遊歩道を三六メートル幅で分断し、約二二〇戸を立ち退かせる、二五〇億円もの予算を使う、といった問題点を抱えています。今日まで多くの市民団体や個人が、この計画の見直しを求めていますが、その声は全く反映されていません。

小平市は、東京都の事業であることを理由に、この計画について市民に周知し、意見を求めることに消極的です。私たちは、行政のそうした姿勢に疑問を感じ、直接的な影響を受ける小平市民の意見を計画に反映させるために、計画の見直しの必要性について問う住民投票条例の制定を直接請求いたします。」

②直接請求による条例案に対する市長の意見（要旨）

「以下の理由により、市で住民投票を行うことは東京都の広域的な視点での道路整備事業に支障を来しかねないことから、本案は適当ではない。

『1　東京都が広域的な骨格幹線道路としての道路ネットワークの整備に責任を持って判断すべきものである』

府中所沢・鎌倉街道線全体計画の中の一部である小平市のみが本都市計画の見直しについて住民投票に付すのは適当ではない。

『2　東京都は多摩地域における都市計画道路の整備方針（第三次事業化計画）に基づき、着実な道路ネットワークの形成を目指している』

府中所沢線を整備することにより、道路ネットワークの形成が図られ、様々な整備効果が期待される中で、早期の整備が望まれている。その一部を担う小平市が東京都の全体計画の道路網整備に対して抜本的に言及することは適当ではない。

『3　法令に基づき手続が完了している』

法令に基づいた手続が完了している現状で、改めて計画の見直しの必要性を問うことは、適当ではない。

『4　投票結果に法的拘束力がない』

本都市計画に対して法的拘束力のない住民投票を、本事業の施行者ではない市が実施することは適当ではない。

市として今後取り組むべきことは、道路整備を含めた総体的な街づくりであり、利便性の向上である。このため、市としては沿道の土地利用、安全性の確保、自然や歴史景観の特性を生かした街並みの創出に向けて、市民の利益を最大限に追求できるようにさまざまな取り組みを進めていく努力をするほか、引き続き東京都に対しては、市を代表し、本事業実施に当たって地域住民の理解が得られるよう鋭意努力していく。」

③改正後の小平市住民投票条例（抜粋）

東京都の小平都市計画道路3・2・8号府中所沢線計画について住民の意思を問う住民投票条例（抜粋）

平成二五年条例第一三号　平成二五年条例第一四号

（目的）

第一条　この条例は、東京都が立案した小平都市計画道路3・2・8号府中所沢線計画（府中所沢線の五日市街道（国分寺市東戸倉二丁目）から青梅街道（小平市小川町一丁目）までの約一・四キロメートルの区間）について、住民参加により計画を見直すべきか、又は計画の見直しは必要ないかについて、市民の意向を確認することを目的とする。

（住民投票）

第二条　前条の目的を達成するため、市民による投票（以下「住民投票」という。）を行う。

（住民投票の執行）

第三条　住民投票は、市長が執行する。

2　市長は、地方自治法（昭和二二年法律第六七号）第一八〇条の二の規定に基づき、協議により、その権限に属する住民投票の管理及び執行に関する事務を小平市選挙管理委員会（以下「選挙管理委員会」という。）に委任するものとする。

（住民投票の期日）

第四条　住民投票の期日（以下「投票日」という。）は、この条例の施行の日から起算して六〇日を超えない範囲において市長が定める日とする。

2　市長は、前項の規定により投票日を定めたときは、選挙管理委員会に対して、速やかに通知しなければならない。

3　選挙管理委員会は、前項の規定による通知を受けたときは、投票日の一〇日前までにこれを告示しなければならない。

（投票資格者）
第五条　住民投票における投票の資格を有する者（以下「投票資格者」という。）は、投票日において小平市に住所を有する者であって、前条第三項の規定による告示の日において小平市の選挙人名簿に登録されている者及び当該告示の日の前日において、選挙人名簿に登録される資格を有する者とする。

2～第六条（略）

（投票の方法）
第七条　住民投票を行う投票資格者（以下「投票人」という。）は、投票日の当日、自ら投票所に行き、投票資格者名簿の抄本の対照を経て、投票をしなければならない。

2　住民投票の投票は、小平都市計画道路3・2・8号府中所沢線計画について、住民参加により東京都の計画を見直すべきと思う者は投票用紙の住民参加により計画を見直すの欄に、計画の見直しは必要ないと思う者は投票用紙の計画の見直しは必要ないの欄に○の記号を記載して、これを投票箱に入れる方法によるものとする。

3　住民投票は、一人一票の秘密投票とする。

4　点字による投票の方法は、規則で定める。

5　第二項の規定にかかわらず、自らの投票用紙に○の記号を記載することができない投票資格者は、規則で定めるところにより、代理投票を行うことができるものとする。

第八条～第一〇条（略）

（情報の提供）
第一一条　市長は、次に掲げる情報を、市民に対して提供するものとする。

（1）　住民投票を実施する趣旨及び経過

（2）　投票資格者が小平都市計画道路3・2・8号府中所沢線について、住民参加により計画を見直すべきか又は計画の見直しは必要ないかについて、的確に判断するために必要な関連資料

2　市長は、前項に規定する情報の提供に当たっては、事案についての中立性を保持しなければならない。

（投票運動）
第一二条　住民投票に関する運動は、自由とする。ただし、買収、脅迫等投票資格者の自由な意思が拘束

され、又は不当に干渉されるものであってはならない。

2　前項に規定する投票運動の期間は、この条例の施行の日から投票日の前日までとする。

第一三条　（略）

（住民投票の成立の要件）

第一三条の二　住民投票は、投票した者の総数が投票資格者の総数の二分の一に満たないときは、成立しないものとする。

（投票結果の告示等）

第一四条　選挙管理委員会は、投票結果が確定したときは、直ちにこれを告示するとともに、当該告示の内容を市長及び市議会議長に報告しなければならない。

（投票結果の尊重）

第一五条　市長は、住民投票が成立したときはその結果を尊重し、速やかに市民の意思を東京都及び国の関連機関に通知しなければならない。

（委任）

第一六条　この条例に定めるもののほか、住民投票の施行に関し必要な事項は、規則で定める。

附　則

（施行期日）

一　この条例は、公布の日から施行する。

（失効）

二　この条例は、投票日の翌日から起算して九〇日を経過した日にその効力を失う。

附則（平成二五年四月二五日・平成二五年条例第一四号）

この条例は、公布の日から施行する。

あとがき

高度経済成長の負の側面である公害問題を契機とした六〇年代半ばの「参加の噴出」以来、早や半世紀近くもの月日が流れた。その間八〇年代初頭の時点には、行政学者の寄本勝美が市民参加を「積極説」（参加民主主義論）と「限定説」（エリート民主主義論）に分けて説明し、その上で「平均的市民の資質を真剣に憂慮しなければならないほどに、政策形成への実質的な市民参加の仕組みがどれほど実現されているというのだろうか(1)」と不十分な市民参加の現況を踏まえて「限定説」に疑問を投げかけた。

それからさらに三〇年の月日を経た現在、なお参加の資質や過度の参加による政治の不安定性が問われるにはほど遠く、いまだ参加の「量」的側面すなわちその過少性こそが問題視される状況に変わりはない。

一方で近年政治参加をめぐっては、参加の「質」を問う声の高まりがある。いわゆる熟議民主主義の議論である。そこでは政策形成過程における多様な参加者の「熟慮」と「討議」に関心が向けられているのだが、自治体の住民参加の実際を考えた場合、この参加の「質」の問題と

「量」の問題は、その深化と拡充にとって最重要課題とも呼べるものであろう。本書で扱った住民参加の制度設計に関する議論は、「量」的側面の範疇に入るものだが、「旬」である「質」的側面の議論と同様、いまだ過去のものにはなっていないというのが筆者の考えである。その点から本書にもいくばくかの価値が見出せるとするならば幸いである。

本書の出版に際しては、日本評論社事業出版部の高橋耕氏に大変お世話になった。記して謝意を表する次第である。思えば大学院時代の指導教授であった故本田弘教授もかつて日本評論社より『市民参加の政治学』（一九七五年）というタイトルで同じ分野の著作をものしたが、奇しくも今回同じ出版社から刊行できることを大変喜ばしく思っている。

なお本書は、平成三一年度日本大学法学部研究費（出版費（出版助成費））の給付を得た。

二〇一九年七月

賀来健輔

註

（1）寄本勝美「政策形成と参加」社団法人日本経営協会編『'80年代 日本の行政』日本経営出版会、一九八一年、一四七―一四八頁。寄本は、この寄稿では「市民参加」の用語を用いて論を進めている。ここでは特に「市民参加」と「住民参加」の異同に関する議論には立ち入らず、ひとまず同一のものとして扱っておく。なお本書で全体を通して用いている「住民参加」の筆者なりの理解とは、「その自治体に居住する者が政策形成過程において何らかの影響を与えようとする行為」というものである。六〇年代から七〇年代にかけての大方の住民参加の理解と同様、やはり厳格に住民の政策形成へのコミットメントという点を強調したい。

【ハ】

【マ】

【ラ】

索　引

初出一覧

ただし、その後の検討を踏まえて、多くは原型をとどめないレベルに大幅な加筆修正を加えた。

第一章　書下ろし

第二章　「近時の条例の制定・改廃の直接請求に関する通時的考察——1999～2009——」『地方自治研究』28巻2号（日本地方自治研究学会）、2013年

第三章　「条例の制定又は改廃の直接請求に関する制度改正史——制度導入から2013（平成25）年の改正まで——」『政経研究』53巻2号（日本大学法学会）、2016年
「条例の制定又は改廃の直接請求制度——来し方行く末の残された課題——」『政経研究』52巻2号（日本大学法学会）、2015年

第四章　「条例の制定又は改廃の直接請求に関する課題とその一考察——制度の積極的活用の観点から——」『地方自治研究』29巻2号（日本地方自治研究学会）、2014年
「近時の住民投票条例制定の直接請求に関する一考察」『地方自治研究』29巻1号（日本地方自治研究学会）、2014年

終　章　「条例の制定又は改廃の直接請求制度——来し方行く末の残された課題——」『政経研究』52巻2号（日本大学法学会）、2015年

著者紹介

賀来 健輔（かく けんすけ）

1964年、福岡県福岡市生まれ。
日本大学法学部政治経済学科卒業。国営公園勤務を経て、
1995年、日本大学大学院法学研究科博士後期課程政治学専攻単位取得退学。
同年、岩手大学講師採用。以後助教授、茨城大学助(准)教授、教授。
2017年より日本大学法学部教授。
専攻は行政学、地方自治論。

主要著書
『環境政治への視点』（共編著、信山社、1997年）、『ニュー・ポリティクスの政治学』（共編著、ミネルヴァ書房、2000年）、『講座環境社会学 第4巻 環境運動と政策のダイナミズム』（共著、有斐閣、2001年）、『インターネット広報の普及・進展と自治体――五年間にわたる一地方県域レベルの調査研究を通して――』（単著、大学教育出版、2003年）、『シリーズ日本の政治 第3巻 現代日本の行政と地方自治』（共著、法律文化社、2006年）、『政治変容のパースペクティブ――ニュー・ポリティクスの政治学Ⅱ――』（共編著、ミネルヴァ書房、初版2005年、第2版2010年）、『地方自治を学ぶ――要点と資料――』（単著、三恵社、初版2012年、第2版2刷2019年）、『Next教科書シリーズ 地方自治論』（共著、弘文堂、初版2012年、第2版2018年）、『Next教科書シリーズ 政治学 第2版』（共著、弘文堂、2018年）

日本大学法学部叢書 第41巻

条例《じょうれい》の制定《せいてい》又《また》は改廃《かいはい》の直接請求《ちょくせつせいきゅう》
――住民発意《じゅうみんはつい》による政策実現《せいさくじつげん》の困難《こんなん》――

2019年8月20日／第1版第1刷発行

著 者 賀来 健輔
発行所 株式会社日本評論社
〒170-8474 東京都豊島区南大塚3-12-4
電話 03-3987-8621（販売） 03-3987-8601（編集）
印刷所 平文社
製本所 難波製本
装 幀 レフ・デザイン工房

ISBN 978-4-535-52394-4